UNIVERSITÉ DE FRANCE.

ACADÉMIE DE STRASBOURG.

THÈSE

POUR LA LICENCE,

PRÉSENTÉE

A LA FACULTÉ DE DROIT DE STRASBOURG

ET SOUTENUE PUBLIQUEMENT

le Jeudi 18 Août 1853, à midi,

PAR

RENÉ CAILLIOT,

de Strasbourg (Bas-Rhin).

STRASBOURG,

DE L'IMPRIMERIE D'ÉDOUARD HUDER, RUE DES VEAUX, 27.

1853.

A MES PARENTS.

RENÉ CAILLIOT.

FACULTÉ DE DROIT DE STRASBOURG.

MM. AUBRY ✳. . . . . . . doyen et prof. de Droit civil français.
RAUTER ✳ . . . . . . doyen honor. et prof. de procédure
civile et de législation criminelle.
HEPP ✳ . . . . professeur de Droit des gens.
HEIMBURGER . . . . . professeur de Droit romain.
THIERIET ✳ . . . . . professeur de Droit commercial.
SCHÜTZENBERGER ✳ . professeur de Droit administratif.
RAU ✳ . . . . professeur de Droit civil français.
ESCHBACH . . . . . . professeur de Droit civil français.

BLŒCHEL ✳ . . . . . professeur honoraire.

DESTRAIS. . . . . . . professeur suppléant.
MICHAUX-BELLAIRE . professeur suppléant provisoire.
BEUDANT . . . . professeur suppléant provisoire.

BÉCOURT, officier de l'Université, secrétaire, agent compt.

MM. SCHÜTZENBERGER, président de la thèse.

SCHÜTZENBERGER,
RAU,
ESCHBACH,
BEUDANT,
⎱ examinateurs.

La Faculté n'entend approuver ni désapprouver les opinions parti-
culières au candidat.

DROIT CIVIL FRANÇAIS.

De l'absence quant au patrimoine délaissé par l'absent.

NOTIONS GÉNÉRALES.

Une personne a cessé de paraître au lieu de son domicile ou de sa résidence, sans qu'on sache ce qu'elle est devenue ; personne ne peut dire si elle existe encore ou si elle est décédée: telle est la situation de l'absent.

Le mot *absent* a donc un sens plus restreint dans le langage juridique que dans le langage ordinaire. Dans le langage juridique, il désigne une personne qui a disparu du lieu de sa résidence, dont on n'a pas de nouvelles, et dont, par conséquent, l'existence est incertaine. Dans le langage ordinaire, il désigne celui qui ne se trouve pas réellement présent en un lieu déterminé et que l'art. 840 du Code Napoléon qualifie de non présent.

Que deviendront les biens qui appartenaient à l'absent lors de sa disparition ou de ses dernières nouvelles; quel sera le sort des droits éventuels qui s'ouvriront depuis à son profit; s'il était marié, quel sera, à l'égard de son conjoint, de ses enfants, de ses conventions matrimoniales, l'effet de cette position exceptionnelle dans laquelle il se

1

trouve? Tels sont les points que le législateur avait à régler en conciliant trois sortes d'intérêts: 1° l'intérêt de la personne elle-même qui a disparu; 2° l'intérêt des tiers; 3° l'intérêt général de la société qui veut que les biens ne restent pas trop longtemps abandonnés.

Malgré l'importance de cette matière, il n'en est point question dans les lois romaines. Quant à notre ancienne jurisprudence française, elle était loin de présenter un système complet et précis. L'absent était présumé vivant jusqu'à ce qu'il eût atteint l'âge de 100 ans. Cette présomption de vie et de mort, tirée de l'âge supposé de l'absent, cessa plus tard d'être admise: la fiction fit place à la vérité, et l'ancienne jurisprudence finit par poser en principe que celui qui invoquait l'existence ou la mort de l'absent pour se créer des droits, devait prouver le fait sur lequel il basait sa prétention. Quant à l'administration du patrimoine de l'absent, on y pourvoyait par la nomination d'un curateur, puis, après un certain délai, par l'envoi en possession provisoire de ses héritiers présomptifs.

Ces diverses règles n'ont été que d'un faible secours aux rédacteurs du Code Napoléon, car ils ont créé un système complétement nouveau.

Les auteurs ont vivement controversé la question de savoir si l'absent doit être légalement réputé mort ou s'il doit être réputé vivant.

Ainsi posée, la question est insoluble, et on trouve avec raison dans le Code autant de dispositions fondées sur la présomption de mort qu'on en trouve de fondées sur la présomption de vie. Le législateur a pensé qu'il était dangereux de décider au moyen d'une solution absolue, et dans un seul sens, la question de la vie ou de la mort d'un individu dont le sort est en réalité incertain. Il a donc adopté les deux présomptions et les a combinées ensemble, de telle sorte qu'il ne peut plus être question de savoir laquelle de ces deux présomptions l'emporte d'une manière générale, mais seulement laquelle l'emporte dans tel ou tel cas déterminé. Cette question est importante quand il s'agit de régler le sort du patrimoine de l'absent, et ici il a fallu nécessairement se décider, suivant les cas, pour l'une ou l'autre présomption, car on ne peut laisser ce patrimoine dans l'état où il se trouve : il faut ou le faire gérer pour le compte de l'absent, ou le partager entre ses héritiers. Or, le législateur a fait dépendre sa solution de la plus ou moins grande longueur de l'absence : il a distingué différentes périodes, et les mesures qu'il prescrit, d'abord basées sur la présomp- tion de vie, s'en éloignent peu à peu à mesure que l'absence continue, et finissent par ne plus être fondées que sur la présomption de mort. On a donc distingué deux périodes : 1° celle de l'absence présumée ; 2° celle de l'absence déclarée, et l'on a subdivisé cette dernière: 1° en envoi en possession provisoire ; 2° en envoi en possession définitif. L'absence présumée commence à partir de la disparition de l'indi- vidu ; ici la présomption de vie l'emporte. L'absence déclarée com- mence à partir du jugement qui la déclare : pendant l'envoi en pos- session provisoire , les présomptions de vie et de mort se font équi- libre ; pendant l'envoi en possession définitif, la présomption de mort domine.

L'incertitude de la vie de l'absent, une fois qu'elle prend naissance, remonte au jour même de sa disparition ou de ses dernières nouvelles et date toujours de cette époque, à mesure qu'elle se fortifie et s'ag- grave avec le temps, si bien que lorsqu'il y a lieu de présumer le dé- cès, c'est à cette époque qu'il faut le reporter [1].

PREMIÈRE PARTIE.

Présomption d'absence.

La présomption d'absence commence avec l'incertitude sur l'exis- tence de la personne qui a disparu : le point de départ de cette pre- mière période dépend donc entièrement des circonstances.

1. Demolombe, t. II, 12.

Quoique notre titre ne s'occupe que des absents dans le sens juridique du mot, les mesures ordonnées par la loi dans l'intérêt des présumés absents sont également applicables aux personnes dont l'existence est certaine et dont on ignore seulement la résidence actuelle [1].
Du reste, la loi ne trace à l'égard de ces mesures aucune règle générale et uniforme, et l'art. 112 laisse à l'appréciation des juges l'étendue
et l'opportunité des mesures à ordonner.

Aux termes mêmes de cet article, il n'y a lieu à son application
que s'il y a nécessité de pourvoir à l'administration des biens de l'absent. Or, cette nécessité ne se présente pas si l'absent a laissé un
fondé de pouvoirs, c'est-à-dire un mandataire général ; car si la procuration n'était que spéciale, les biens dont le droit de gestion ne serait
pas compris dans le mandat, pourraient se trouver en souffrance, et il
n'y aurait point alors obstacle à l'application de l'art. 112. Il en serait
de même si la procuration, quoique générale. venait à cesser par un motif
quelconque [2], ou si le mandataire ne remplissait pas convenablement
ses fonctions. Mais la nécessité de pourvoir à l'administration ne suffit
pas, car un tribunal ne peut d'office s'immiscer dans la gestion des biens
d'un absent : il ne peut agir que lorsqu'il a été saisi par une demande
portée devant lui par les parties intéressées. Or, quelles sont ces parties ? Il ne s'agit que d'un intérêt pécuniaire : un intérêt de bienveil-
lance et d'affection ne suffit point ; mais la loi n'a-t-elle voulu parler
que des personnes qui ont un intérêt né et actuel, ou a-t-elle voulu
parler aussi de celles qui n'ont qu'un intérêt éventuel ? Quand l'intérêt
est actuel, la question ne souffre aucune difficulté ; ainsi, par exemple,
il n'est pas douteux que le droit d'agir ne compète au bailleur dont le
présumé absent occupe le bien comme locataire ou fermier, ou co-
propriétaire d'un bien indivis, à un associé, à un débiteur qui vou-
drait se libérer, à un créancier, à tous ceux, en un mot, qui, si le

1. Zachariæ, § 147.
2. Art. 122.

présumé absent était là , pourraient agir directement contre lui-même [1]. Mais que déciderons-nous à l'égard de ceux qui n'ont qu'un intérêt futur et éventuel. M. Toullier [2] et d'autres auteurs , tout en re-connaissant aux héritiers présomptifs le droit de s'adresser au procu-reur impérial , exigent toujours un intérêt né et actuel pour intenter directement la demande ; mais la plupart des auteurs sont d'un avis contraire et s'accordent à reconnaître le droit d'agir même aux héri-tiers présomptifs du présumé absent. En effet, ces héritiers ont un in-térêt éventuel, il est vrai, mais cela suffit pour qu'ils soient intéressés à la conservation du patrimoine que peut-être ils recueilleront un jour : d'ailleurs le Code se sert de l'expression générale , *les parties in-téressées* , sans faire de distinction entre celles qui ont un intérêt éven-tuel et celles qui ont un intérêt actuel.

Quant aux légataires , il ne peut en être de même, car ils ne sont pas encore connus dans cette première période, le testament de l'ab-sent ne devant être ouvert qu'après la déclaration d'absence [3].

Enfin le droit d'agir d'office appartient encore au ministère public, que l'art. 114 charge de veiller aux intérêts des présumés absents. Il résulte de cet article que le procureur impérial remplit deux sortes de fonctions à l'égard des absents :

1° Il veille à leurs intérêts, et peut par conséquent adresser au tri-bunal toutes les demandes qu'il juge convenable [4];

2° Il est entendu sur toutes les demandes qui les concernent, et peut dès lors appuyer ou contredire ces demandes formées par des tiers intéressés.

Cependant quelques auteurs refusent au ministère public le droit de veiller aux intérêts des absents par voie d'action; mais ce sys-tème semble contraire à l'esprit de l'art. 114, qui charge d'une ma-

1. Demolombe, t. II, 24.
2. Toullier, t. I, 394.
3. Art. 123. Demolombe, t. II, 27.
4. Metz, 15 mars 1823. Zachariæ, § 149.

nière générale le ministère public de veiller aux intérêts des absents : ce qu'il devra faire par tous les moyens dont il peut disposer.

Revenons à notre art. 112. Il parle d'un tribunal compétent, mais aucun texte ne décide explicitement quel est ce tribunal. En suivant les règles de compétence tracées par le Code de procédure, le doute peut exister entre le tribunal du domicile ou, à défaut de domicile, de la dernière résidence de la personne qui a disparu, et les tribunaux des divers arrondissements où seraient situés les biens à l'administration desquels il s'agit de pourvoir. Mais on admet généralement que le tribunal compétent est celui de la dernière résidence de l'absent, comme étant plus à même d'avoir ou de se procurer tous les renseignements nécessaires. Cependant comme aucun texte n'établit cette compétence d'une manière absolue, il ne faut pas l'admettre trop exclusivement, et s'il y a urgence, ou s'il ne s'agit que de l'exécution des dispositions ordonnées par le tribunal ci-dessus indiqué, on peut aussi s'adresser au tribunal du lieu où se trouve l'objet à l'occasion duquel il y a lieu de prendre des mesures d'administration [1].

Quant à la forme de la demande, elle est réglée par l'art. 859 du Code de procédure : la partie intéressée qui veut provoquer la demande présente au président du tribunal une requête avec les pièces justificatives, et celui-ci commet un juge pour faire le rapport.

Voilà donc le tribunal compétent saisi à la requête des parties intéressées ; il reconnaît la présomption d'absence, que va-t-il ordonner ? Comme nous l'avons déjà dit, la loi abandonne à l'arbitrage des tribunaux la nature des mesures à prendre. Ces mesures ont plutôt pour but de conserver le patrimoine de l'absent que de l'améliorer. Ainsi, on renouvellera les baux, on fera aux bâtiments les réparations nécessaires, on vendra les denrées sujettes à se perdre, on interrompra la prescription, on renouvellera les inscriptions hypothécaires, etc.

1. Demolombe, t. II, 20. Zachariæ, § 149.

Autrefois on nommait toujours un curateur à l'absent, et lors de la discussion du titre de l'absence au conseil d'État, on voulut reproduire cette disposition; mais on fit remarquer que cela était inutile, et même quelquefois nuisible aux véritables intérêts de l'absent, parce qu'il serait lié par tous les actes d'un curateur souvent négligent. On laissa donc aux tribunaux la faculté d'apprécier si un curateur est ou non nécessaire. Dans tous les cas, le tribunal, s'il en nomme un, fera bien de déterminer d'une manière précise de limiter ses pouvoirs, et l'absent aura à la fois deux garanties : le choix du tribunal et la surveillance du procureur impérial. Ce curateur, une fois nommé par le tribunal, est le mandataire du présumé absent, et par conséquent il le représente valablement dans toutes les affaires auxquelles son mandat s'applique. Ainsi, par exemple, les jugements rendus contre le curateur sont réputés contradictoires, et ne peuvent être attaqués par la tierce opposition par le présumé absent, ni par ses ayants-cause [1].

L'art. 113 contient une exception à ce que nous avons dit plus haut, à savoir que la loi ne prescrit pas la nature des mesures à ordonner par les tribunaux. Lorsque le présumé absent est intéressé comme héritier, par exemple, dans un inventaire, une reddition de compte, une liquidation ou un partage, le tribunal nomme, à la requête de la partie la plus diligente, un notaire chargé de le représenter. Le jugement qui nomme le notaire devra être explicite sur l'étendue des pouvoirs qu'il lui confère; mais à défaut d'explication à cet égard, le notaire devra être considéré comme chargé uniquement de veiller à la conservation des droits de l'absent. Du reste, cet art. 113 n'est qu'une application réglée d'avance de l'art. 112; il faut donc qu'il y ait nécessité, et il n'est pas applicable si le présumé absent a

1. On a voulu prétendre que le présumé absent et ses ayants-cause pouvaient attaquer par la voie de la requête civile un jugement rendu contre leur curateur; mais il faudrait, pour cela, ajouter l'absence aux causes donnant ouverture à la requête civile, énumérées par l'art. 480 du Code de procédure, et rien ne justifie cette addition.

laissé un mandataire général ou spécial, pour l'opération dans laquelle il s'agit de le faire représenter.

Telles sont les suites juridiques de l'absence pendant la première période. L'absent peut se représenter pendant cette période, ou bien l'on peut acquérir la preuve de son décès. Dans ces deux cas, les mesures prises par les tribunaux cesseront évidemment ; mais l'absent, s'il reparaît, ou ses héritiers, dans le cas contraire, doivent respecter les actes faits par le curateur dans les limites de ses pouvoirs. Si, tout en donnant de ses nouvelles, le présumé absent ne reparaît pas immédiatement, il peut devenir nécessaire de continuer les mesures provisoires ordonnées dans son intérêt.

DEUXIÈME PARTIE.

Déclaration d'absence.

A mesure que le temps de l'absence se prolonge, l'incertitude sur le sort de la personne qui a disparu augmente, et la présomption de mort acquiert de jour en jour plus de force et de vraisemblance. Il est donc juste de prendre une mesure décisive et permanente, non plus seulement, dans l'intérêt de l'absent lui-même, mais aussi et surtout dans l'intérêt de ceux qui ont des droits subordonnés à la condition de son décès. Nous entrons ici dans la deuxième période, celle de la déclaration d'absence.

La déclaration d'absence donne lieu à l'exercice provisoire de tous les droits subordonnés au décès de l'absent, et elle a, dans tous les cas, pour effet irrévocable, de priver cet absent d'une portion notable de ses revenus. On comprend dès lors qu'avant d'en venir là, il est juste de prendre tous les moyens propres à instruire l'absent de ce qui va être ordonné, afin que, s'il vit encore, il fasse cesser l'incertitude qui

existe sur son sort; c'est dans ce but qu'on a exigé un certain délai
avant que la déclaration d'absence puisse être demandée et prononcée.

A quelle époque la déclaration d'absence peut-elle être demandée?
Il faut à cet égard distinguer le cas où la personne qui a disparu a
laissé un mandataire et celui où elle n'en a point laissé. Quand, en s'é-
loignant, une personne a laissé un mandataire général, sa disparition
et l'ignorance de son sort, à moins de durer trop longtemps, ne sont
pas de fortes présomptions de sa mort. En effet, la nomination d'un
mandataire indique de la part de l'absent prévision de son absence,
qui dès lors ne doit plus paraître extraordinaire. Cette idée justifie les
distinctions que font les art. 115 et 121. Aux termes de l'art. 121, si
l'absent a laissé une procuration, ses héritiers présomptifs ne pourront poursuivre la déclaration d'absence et l'envoi en possession provisoire qu'après dix années révolues depuis sa disparition ou ses dernières nouvelles, tandis que l'art. 115, qui s'applique au cas où il n'y
a point de procuration, ne fixe qu'un délai de quatre ans. La loi parle
de procuration, sans dire si la procuration doit être générale, ou si
une procuration spéciale suffit. La question est controversée; le texte,
il est vrai, disant simplement *procuration*, semble se contenter d'une
procuration spéciale; mais si l'on s'attachait à ce système d'une manière trop absolue, on serait conduit à des conséquences difficiles à
admettre. Il en résulterait, en effet, qu'une procuration donnée, par
exemple, pour aller devant le juge de paix, au bureau de conciliation,
devrait retarder la déclaration d'absence, et empêcher de prendre
certaines mesures auxquelles la procuration serait complétement étrangère. Il semble donc plus naturel d'exiger une procuration générale,
tout en reconnaissant aux tribunaux, par argument de l'art. 117, la
faculté d'ajourner, pendant un délai plus ou moins long, le jugement
de déclaration d'absence, lorsque l'individu contre lequel il est provo-
qué a laissé une ou plusieurs procurations spéciales [1].

1. Zachariæ, § 151.

2

Il résulte au premier abord de l'art. 122, combiné avec l'art. 121, que le délai de dix ans de l'art. 121 ne peut être abrégé quand même la procuration viendrait à cesser avant les dix ans, et quelles que soient les causes qui y auraient mis fin. Mais en consultant l'esprit de la loi, il paraît plus juste de distinguer le cas où la procuration cesse indépendamment de la volonté du mandant, et le cas où elle cesse conformément à cette dernière. Ainsi, une personne donne une procuration pour trois ans. Au bout de ce temps, elle ne donne pas signe de vie : il ne faudra appliquer d'une manière absolue ni l'art. 115, ni l'art. 121, il faudra les combiner. En effet, le mandant a prévu trois ans ; pendant ce temps, son absence n'a rien de surprenant : le délai ne devra donc commencer à courir qu'après les trois ans, mais, bien entendu, comme s'il n'y avait pas eu de procuration ; ce sera donc au bout de sept ans que la déclaration d'absence pourra être provoquée.

Mais si la procuration cessait en vertu d'une cause indépendante de la volonté du mandant, par exemple, par la mort du mandataire, et si elle n'avait point été limitée, il faudrait appliquer l'art. 121, car il y a eu prévision d'une absence indéfinie : il n'est donc pas étonnant qu'elle se prolonge. Si la procuration est donnée pour plus de dix ans, le délai de l'art. 121 ne peut être prolongé, car il ne s'agit pas seulement de l'intérêt de l'absent, mais encore de celui des tiers présents. Ainsi, une procuration donnée pour plus de dix ans ou pour un temps indéfini, n'aurait plus d'effet dix ans après les dernières nouvelles.

Quant au point de départ de ce délai de quatre ans ou de dix ans, les opinions varient : suivant les uns, il faut prendre en considération non pas la date des dernières nouvelles, mais la date de leur arrivée. Les partisans de cette opinion se fondent sur la rédaction de l'art. 115 qu'ils comparent à celle de l'art. 120[1]. En effet, l'art. 120

---

1. Zachariæ, §§ 151 et 152.

porte : *ses héritiers présomptifs au jour de sa disparition ou de ses dernières nouvelles.* Ici c'est évidemment la date des dernières nouvelles qu'il faut prendre en considération ; cela résulte , par argument, de l'art. 135 ; au contraire, nous lisons dans l'art. 115 : *et que depuis quatre ans on n'en aura point eu de nouvelles.* Ces auteurs voient une intention dans la différence de rédaction de ces deux articles , et de ce que dans le premier c'est la date des dernières nouvelles qu'il faut prendre en considération, ils concluent que dans le deuxième c'est la date de leur arrivée.

M. Demolombe, tout en reconnaissant la différence de rédaction qui existe entre les art. 115 et 120, croit que la pensée de la loi a été la même dans les deux cas, et qu'il vaut mieux s'attacher à la date des dernières nouvelles. Le système contraire, dit-il, aurait des conséquences inadmissibles, puisqu'il en résulterait qu'une lettre d'une date très-ancienne, écrite il y a dix ou quinze ans, mais égarée ou retardée par une circonstance quelconque, n'en forcerait pas moins de différer pendant quatre ans, à dater du jour où elle serait reçue, les poursuites de déclaration d'absence [1]. Cette opinion ne présente d'ailleurs aucun danger, l'art. 117 laissant toujours aux juges le pouvoir de retarder la déclaration d'absence, eu égard aux circonstances.

Quelles sont les personnes qui ont qualité pour provoquer la déclaration d'absence ? L'art. 115, en disant *les parties intéressées,* ne s'explique pas plus que ne l'a fait l'art. 112; aussi les mêmes luttes se sont-elles produites. L'opinion qui paraît la plus rationnelle, donne à l'expression *les parties intéressées* un sens plus restreint dans l'art. 115 que dans l'art. 112, elle range dans cette catégorie : 1° les héritiers présomptifs de l'absent.; 2° son conjoint ; 3° tous ceux qui, aux termes de l'art. 123, ont à exercer sur son patrimoine des droits subordonnés à la condition de son décès, comme les légataires, les donataires de biens à venir, les donateurs avec stipulation du droit de

1. Demolombe, t. II, 57.

retour. etc. [1] En effet, l'art. 115 ne doit pas, comme l'art. 112, être appliqué aux créanciers, aux personnes en relation d'affaires avec l'absent, car il leur suffit que celui-ci soit représenté. L'intérêt est la mesure des actions, et ces personnes n'en ont aucun à demander la déclaration d'absence qui ne peut être que préjudiciable aux créanciers par le morcellement du patrimoine de leur débiteur, et par l'attribution d'une part considérable de ses revenus aux envoyés en possession. D'ailleurs, le but de la déclaration d'absence est l'envoi en possession provisoire au profit des différentes personnes qui ont sur les biens de l'absent des droits subordonnés à la condition de son décès; donc ce sont ces mêmes personnes qui ont qualité pour demander la déclaration d'absence.

Le droit de provoquer la déclaration d'absence compète à tout héritier, quel que soit son degré; ainsi, la demande formée par un parent de l'absent ne pourrait être écartée par le motif qu'il ne serait pas son héritier le plus proche. Mais ce droit ne dégénère jamais en obligation ; ainsi, l'un des héritiers ne peut contraindre les autres à concourir avec lui à la demande en déclaration d'absence. Quant au ministère public, il est non recevable à provoquer la déclaration d'absence, car il est chargé de veiller aux intérêts de l'absent [2], et quoique la loi ait cherché à concilier autant que possible les intérêts de celui-ci et ceux des tiers, la déclaration d'absence est tout entière dans l'intérêt de ces derniers. D'ailleurs, l'art. 116 le charge d'être le contradicteur de cette demande.

La demande en déclaration d'absence doit être portée au tribunal du domicile de la personne qu'elle concerne, ou , à défaut de domicile, au tribunal de sa dernière résidence. Elle se forme par une requête à laquelle on joint les pièces justificatives [3].

1. Zachariæ, § 151.
2. Art. 114.
3. Procéd., 860.

Le tribunal peut rejeter la demande sans autre examen; mais si elle lui paraît fondée, il doit ordonner, d'après le rapport du juge-commissaire et sur les conclusions du ministère public, une enquête faite contradictoirement avec le procureur impérial, dans l'arrondissement du domicile et dans celui de la résidence, s'ils sont distincts l'un de l'autre. La déclaration d'absence ne peut jamais être prononcée sans cette enquête, quand même le tribunal, suffisamment éclairé, la considérerait comme inutile.

Les règles du Code de procédure relatives aux reproches des témoins, pourront n'être pas rigoureusement observées ici, car les parents les plus proches sont ordinairement présumés être plus en état, que toute autre personne, d'avoir des nouvelles de l'absent et de pouvair éclairer le tribunal.

Le jugement qui ordonne l'enquête est envoyé par le procureur impérial au ministre de la justice qui le publie par voie d'insertion au *Moniteur*.

Ce n'est qu'une année après ce jugement que le jugement définitif pourra être rendu : il ne le sera donc que cinq ou onze ans après la disparition ou les dernières nouvelles. Il sera, comme le premier, rendu public par insertion au *Moniteur*. Le mode de publicité est du reste abandonné à la sagesse du ministre : l'insertion au *Moniteur* est celui que l'on emploie d'ordinaire, mais si un autre semblait préférable, rien n'empêcherait d'y avoir recours.

CHAPITRE PREMIER.

Envoi en possession provisoire.

Jusqu'à la déclaration d'absence, la présomption de vie l'emporte; mais si l'absence se prolonge et si elle est déclarée, cette présomption est balancée par celle de mort. Les faire marcher toutes deux de front, sans donner à aucune la prépondérance, tel est ici le but du législateur; pour l'atteindre, il a pris la mesure de l'envoi en possession provisoire. Cet envoi n'est autre chose qu'une ouverture provisoire de l'hérédité délaissée par l'absent : tous les droits que son décès prouvé ouvrirait d'une manière définitive sur les biens qui lui appartenaient lors de sa disparition ou de ses dernières nouvelles, l'absence déclarée les ouvre provisoirement. Ses héritiers présomptifs au jour de sa disparition ou de ses dernières nouvelles sont admis à demander à entrer en jouissance provisoire de son hérédité ; ce droit compète non-seulement aux héritiers légitimes, mais encore à tous les successeurs irréguliers quels qu'ils soient : l'art. 140, il est vrai, ne parle que du conjoint, sans parler des enfants naturels légalement reconnus[1]; cela s'explique, car à l'époque où fut rédigé le titre de l'absence, on ne savait pas encore quels droits leur seraient accordés[2]. De même l'ascendant donateur reprend provisoirement les choses par lui données ; si l'enfant donataire absent n'a pas de postérité[3], le légataire entre provisoirement en jouissance de la chose léguée, etc.

L'héritier qui demande l'envoi en possession provisoire, n'est pas en général obligé de prouver qu'il est l'héritier le plus proche; cependant cela pourrait devenir nécessaire, s'il y avait débat entre deux ou plusieurs héritiers dont les uns prétendraient exclure les autres à raison de la proximité de leur degré. Si aucun des héritiers présomptifs ne demande l'envoi en possession, il est pourvu à l'administration des biens de l'absent conformément à l'art. 112[4]. Du reste, les créanciers de l'héritier peuvent se faire envoyer en possession à sa place.

Aux termes de l'art. 123, après l'envoi en possession, l'ouverture du testament aura lieu sur les réquisitions du procureur impérial ou

1. Art. 756.
2. Demolombe, t. II, 71.
3. Nancy, 31 janvier 1833.
4. Cassat., 18 mars 1829.

des parties intéressées; mais l'expression, parties intéressées, ne désigne ici que les héritiers présomptifs et le conjoint : quant aux autres personnes que l'absent aurait avantagées, elles ont sans doute un intérêt ; mais comme on ne les connaîtra que par l'ouverture du testament, aucune d'elles ne peut requérir directement qu'il soit ouvert, car il faudrait pour cela qu'elles puissent justifier de leur intérêt. Le testament une fois ouvert, tous ceux au profit desquels il ouvre des droits, les exercent provisoirement. L'art. 123 range parmi ces personnes les donataires : mais cela ne doit s'entendre que des donataires de biens à venir (art. 1082), car une donation entre vifs ordinaire produit immédiatement son effet, en conférant au donataire un droit indépendant de la vie ou de la mort du donateur.

L'envoi en possession provisoire est fondé sur ce que la présomption du décès a acquis trop de gravité pour que l'on puisse paralyser plus longtemps l'exercice provisoire, du moins des droits subordonnés à cette condition. Cette mesure, prise principalement dans l'intérêt des tiers, favorise cependant l'intérêt de l'absent : car certes, personne n'administrera les biens de ce dernier avec plus de soin que celui qui les conservera peut-être toujours, et qui, dès lors, en les gérant, semble déjà gérer sa propre chose.

L'art. 120 semble de prime abord exiger deux jugements distincts ; l'un qui déclare l'absence, l'autre qui prononce l'envoi en possession : tel est aussi l'avis de quelques auteurs. Il résulte, il est vrai, de cet article que l'envoi en possession provisoire ne peut être demandé qu'en vertu de la déclaration d'absence; mais cet article ne défend point de cumuler les deux demandes. Aussi, la jurisprudence et la doctrine sont-elles à peu près unanimes sur ce point, et ordinairement dans la pratique, on cumule les deux demandes. On peut néanmoins les séparer par un intervalle plus ou moins long, et dans ce cas, avant d'accorder l'envoi en possession, le tribunal pourra, s'il le juge convenable, ordonner une nouvelle enquête.

Il est possible que, parmi les héritiers présomptifs de l'absent, quelques-uns seuls demandent et obtiennent la déclaration d'absence ; mais cela ne forme pas obstacle à ce que d'autres obtiennent l'envoi en possession provisoire : en d'autres termes, le jugement obtenu par quelques-uns n'est pas exclusif pour ceux-ci, et les autres pourront, tant que la prescription de trente ans n'est pas acquise contre eux, demander l'envoi en possession provisoire à l'exclusion de ceux qui l'ont obtenue, ou conjointement avec eux.

Mais dans le cas où aucun des héritiers présomptifs ne demanderait l'envoi en possession provisoire, les légataires peuvent-ils demander l'exercice de leurs droits? La négative résulte au premier abord de l'art. 123 qui semble subordonner l'exercice de ces droits à la condition que les héritiers présomptifs auront demandé l'envoi. C'est que cet article statue pour le cas le plus ordinaire[2] : les héritiers étant intéressés à faire la demande, il est à supposer qu'ils la feront; mais s'ils ne la faisaient pas, leur silence ne pourrait pas paralyser l'exercice des droits des autres intéressés. Il ne serait pas juste, en effet, que les héritiers présomptifs puissent arrêter les légataires dans l'exercice de leurs droits, en s'abstenant de demander l'envoi en possession ou même la déclaration d'absence, comme ils pourraient être tentés de le faire, en apprenant l'existence d'un testament qui les dépouille.

DU DROIT QUI COMPÈTE A L'ÉPOUX D'EMPÊCHER L'ENVOI EN POSSESSION PROVISOIRE.

L'époux présent a, comme toute autre personne, la jouissance des droits subordonnés au décès de son conjoint absent. Mais à côté de ces derniers, l'art. 124 lui en donne encore un autre, il est fondé sur la présomption de vie. Cet article donne à l'époux présent le droit d'em-

---

1. *Lex statuit de eo quod fit plerumque.*

pêcher l'envoi en possession provisoire, en optant pour la continuation de la communauté. Ainsi donc, une condition essentielle sans laquelle l'art. 124 ne pourrait être applicable, c'est que les époux soient mariés sous le régime de communauté : communauté légale ou communauté conventionnelle, peu importe, car la loi ne distingue pas. Le régime de communauté peut même être combiné avec un autre régime ; mais, dans ce dernier cas, notre article n'est applicable que pour les biens sur lesquels la communauté est établie, et il y aura envoi en possession provisoire pour les autres biens. De plus, l'époux présent doit opter pour la continuation de la communauté : alors il prendra ou conservera par préférence l'administration des biens de son conjoint absent. L'art. 124 se sert à la fois des expressions *prendre et conserver*, pour indiquer le mari et la femme, dont le premier conserve l'administration et dont la deuxième la prend, puisque c'était le mari qui administrait jusqu'au jour de sa disparition.

Les droits d'administration de l'époux présent sont différents selon que cet époux est le mari ou la femme.

Le mari continue à exercer sur la communauté tous les droits que lui attribue sa qualité de chef de celle-ci. Mais en ce qui concerne le patrimoine personnel de la femme, les droits du mari ne sont pas plus étendus que ceux des envoyés en possession provisoire, et il est à cet égard soumis aux obligations imposées à ces derniers, et dont l'examen fera l'objet du paragraphe suivant. Cependant, à la différence des envoyés en possession provisoire, il n'est pas tenu de fournir caution pour la sûreté de son administration [1]. En effet, les art. 120 et 123, qui parlent de l'obligation de donner caution, ne l'imposent pas à l'époux qui a opté pour la continuation de la communauté.

La femme, tant par rapport au patrimoine personnel du mari que

1. Voyez cependant en sens contraire un arrêt de la Cour de Paris du 9 janvier 1826.

relativement aux biens de la communauté, ne peut jamais exercer que les droits d'un envoyé en possession provisoire, à cette seule différence près qu'elle est dispensée de fournir caution.

La communauté continuée se dissout définitivement par la mort naturelle ou civile de l'époux présent, par la preuve du décès de l'absent, par l'envoi en possession définitif, enfin, par la volonté de l'époux qui l'avait acceptée, car il peut à tout instant se rétracter et renoncer à ce droit établi uniquement en sa faveur. La femme qui a opté pour la continuation conserve toujours la faculté de renoncer à la communauté lors de sa dissolution : la même faculté appartient à ses héritiers.

Si le conjoint présent n'opte pas pour la continuation de la communauté, ou si les époux sont mariés sous tout autre régime que celui de communauté, il y a lieu d'appliquer les règles que nous avons exposées ci-dessus, relativement à l'envoi en possession provisoire.

OBLIGATIONS DES ENVOYÉS EN POSSESSION PROVISOIRE.

Les obligations des envoyés en possession provisoire peuvent être envisagées sous trois rapports, suivant que l'on considère leur position, vis-à-vis de l'absent, leurs rapports entre eux ou leurs relations avec les tiers.

I. *Obligations des envoyés en possession provisoire à l'égard de l'absent.*

La présomption de mort contrebalance pendant l'envoi en possession provisoire la présomption de vie ; mais l'absent peut reparaître ou donner de ses nouvelles. Il fallait donc concilier ses intérêts et ceux des envoyés, de manière à lui assurer, s'il y a lieu, la restitution de son patrimoine, tout en laissant aux envoyés une part considérable des fruits.

A l'égard de l'absent, les envoyés en possession provisoire ne sont que dépositaires, administrateurs comptables de ses biens : ils n'en deviennent point propriétaires [1]. De ce principe fondé sur la présomption de vie, et du texte même de la loi, dérivent les conséquences suivantes :

1° Les envoyés en possession provisoire doivent donner caution pour la sûreté de leur administration. Cette caution sera reçue par le tribunal, conformément aux art. 517 et suivants du Code de procédure , et c'est au ministère public à remplir la mission que lui confie l'art. 114 en la discutant. Cependant si l'un des envoyés était dans l'impossibilité de donner caution, il semble qu'on devrait lui appliquer par analogie les art. 602 et 603 du Code Napoléon qui accordent, dans ce cas, à l'usufruitier le droit de toucher les intérêts et les fermages des biens compris dans l'usufruit. Quelques auteurs, il est vrai, rejettent cette solution, et ont même pour eux l'opinion de MM. Merlin et Dalloz ; cependant , le moyen que nous proposons semble remplir entièrement le but de la loi , et repousser d'ailleurs d'une manière absolue l'héritier qui n'a pas pu trouver de caution , serait d'autant moins équitable qu'il a sans doute besoin plus que tout autre des secours que cet envoi lui apportera.

2° Aux termes de l'art. 126, les envoyés sont tenus de faire inventaire. Pour savoir ce qu'ils auront à restituer, il est indispensable, en effet, de constater ce qu'ils ont reçu. Cette opération doit se faire en présence du procureur impérial ou d'un juge de paix requis par lui. L'art. 126 distingue entre l'inventaire des meubles, qui est obligatoire, et la visite des immeubles, qui n'est que facultative. Il est, du reste, de l'intérêt des envoyés de faire constater l'état des immeubles; s'ils ne le font pas, ils sont censés les avoir reçus en bon état, et doivent, par conséquent, les rendre tels. La visite des immeubles se fait par un expert nommé par le tribunal, et son rapport est homologué en présence du procureur impérial.

1. Art. 125.

3° Le tribunal ordonnera, s'il y a lieu, de vendre tout ou partie du mobilier [1] : tout dépend donc des circonstances ; les juges devront tâ- cher de concilier autant que possible les intérêts de l'absent et ceux des envoyés en possession. En cas de vente, il sera fait emploi du prix, mais la loi ne détermine ni l'époque ni le mode de cet emploi.

La disposition de notre article donne aux tribunaux la faculté de faire vendre les meubles de l'absent par les envoyés en possession provisoire, qui doivent se conformer à cette disposition à peine de dommages-intérêts. Mais il ne résulte pas de cette disposition qu'ils n'ont point eux-mêmes le droit de vendre ; ils peuvent être tenus de le faire ; mais si l'obligation ne leur en est point imposée, ils peuvent vendre à leur gré. D'ailleurs, l'absent, s'il reparaît, ne pourrait jamais attaquer les tiers détenteurs de meubles vendus par les envoyés en possession, car ces tiers lui opposeraient la maxime : «en fait de meubles possession vaut titre.» Il ne pourrait donc y avoir de dis- cussion qu'entre l'absent et les envoyés, et la question se réduira à examiner si ceux-ci en vendant ont fait un acte de bonne ou de mau- vaise administration. Dans tous les cas ils agiront toujours prudem- ment en faisant déterminer par le tribunal la conduite qu'ils devront tenir ; ils mettent ainsi leur responsabilité à couvert. Quant aux formes de la vente, M. Delvincourt veut qu'on applique l'art. 452, re- latif à la vente du mobilier des mineurs ; mais l'art. 126, en disant simplement que le tribunal ordonnera, s'il y a lieu, cette vente, sans préciser dans quelles formes, paraît laisser cette question à l'appré- ciation des tribunaux.

4° Les envoyés en possession provisoire peuvent faire seuls, et même ils doivent faire seuls tous les actes qui sont, en général, consi- dérés comme des actes d'administration [2]. Ainsi, ils doivent entrete- nir les biens et y faire toutes les réparations qu'ils jugent nécessaires.

1. Art. 126.
2. Demolombe, t. II, 103.

Ils peuvent passer des baux qui n'excèdent pas neuf ans; quelques auteurs ont même voulu leur accorder, quant à ce qui concerne les baux, des pouvoirs plus étendus[1]; mais n'est-il pas plus naturel de se conformer, à cet égard, aux dispositions contenues au titre du contrat de mariage? Cependant il ne faut pas décider d'une manière absolue qu'un bail de plus de neuf ans ne serait pas obligatoire pour l'absent de retour ou pour ses héritiers; il y a là une question de fait à examiner, et le tribunal devra se décider d'après la bonne foi du bailleur et les motifs qui ont dirigé sa conduite[2].

Ils ont le droit de poursuivre la rentrée des capitaux, de les recevoir et d'en donner décharge, de les transporter par voie de cession.

5º En ce qui concerne l'exercice des actions qui compètent à l'absent, les envoyés en possession provisoire jouissent des droits les plus étendus, et c'est contre eux qu'il faut diriger toutes les actions qui auraient dû être dirigées contre l'absent. L'art. 817, 2e alinéa, accorde même aux parents envoyés en possession l'exercice de l'action en partage qui compète au cohéritier absent : c'est là une action que les tuteurs ne peuvent exercer qu'avec une autorisation spéciale du conseil de famille. La chose jugée pour ou contre les envoyés peut être opposée à l'absent lui-même, mais ils ne doivent pas être condamnés personnellement aux dépens dans les procès qu'ils auraient soutenus en son nom.

6º Les envoyés en possession provisoire ne peuvent faire seuls, et sans l'emploi de certaines formalités, les actes de disposition ou d'aliénation. Ainsi, l'art. 128 le dit formellement, ils ne peuvent aliéner ni hypothéquer les immeubles de l'absent. Cependant un grand nombre d'auteurs pensent que cette règle n'est pas absolue, et que l'aliénation ne doit pas être interdite dans tous les cas, même alors qu'il existerait une nécessité évidente. Il résulte, en effet, de l'art. 2126

1. Zachariæ, § 154.
.2. Demolombe, t. II, 105.

quc les biens d'un absent peuvent être hypothéqués avec autorisation de justice. Or, s'ils peuvent être hypothéqués, il n'y a pas de raison pour refuser aux tribunaux d'en permettre l'aliénation.

7° Les envoyés en possession provisoire doivent recevoir le compte de la personne qui a administré avant eux le patrimoine de l'absent.

Sauf les restrictions que nous venons d'indiquer, on doit accorder la plus grande latitude à l'administration des envoyés en possession. Cependant le doute peut exister relativement à la transaction. Pour transiger, il faut pouvoir aliéner : les envoyés en possession provisoire ne peuvent donc en général transiger sur les contestations qui intéressent l'absent : mais si nous leur reconnaissons le pouvoir d'aliéner avec l'autorisation de la justice, il faudra reconnaître aussi aux tribunaux le droit de les autoriser à faire une transaction.

Remarquons ici qu'aux termes de l'art. 83, n° 7 du Code de procédure, et de l'art. 114 du Code Napoléon, la communication au ministère public n'est exigée que pour les causes concernant les personnes présumées absentes, et, l'absence une fois déclarée, l'absent est suffisamment et même exclusivement représenté par les envoyés en possession. Cependant il n'en serait plus de même dans le cas où les envoyés auraient des intérêts contraires à ceux de l'absent [1].

II. *Rapports des envoyés en possession provisoire entre eux.*

L'envoi en possession opérant une sorte d'ouverture provisoire de la succession, les héritiers ou autres successeurs peuvent faire entre eux le partage du patrimoine de l'absent, en suivant les règles ordinaires des partages de succession. L'art. 129 pris isolément semble n'autoriser ce partage qu'après l'envoi définitif, mais cette interprétation serait contraire aux art. 120 et 123 qui appellent les successeurs à exercer, chacun pour sa part, les droits que le décès prouvé de l'ab-

1. Demolombe, t. II, 116.

sent aurait ouverts à leur profit. Ils peuvent donc procéder à une licitation ; mais les biens compris dans l'envoi provisoire ne pouvant
en règle générale être aliénés, cette licitation ne doit avoir lieu qu'entre eux et à l'exclusion d'étrangers[1]. Ils peuvent de plus faire entre
eux toute espèce de traités relativement à ces biens, sans qu'on puisse
attaquer ces arrangements comme contraires à la règle qui déclare
nul tout pacte sur une succession non encore ouverte.

III. *Relations des envoyés en possession provisoire avec les tiers.*

Vis-à-vis des tiers, les envoyés en possession provisoire doivent être
considérés comme des héritiers sous bénéfice d'inventaire. En effet ,
nous savons déjà qu'ils sont héritiers : mais comme ils ne sont qu'administrateurs du patrimoine de l'absent et non propriétaires, ils ne
peuvent pas être tenus vis-à-vis des tiers comme s'ils étaient véritables propriétaires : c'est pour cela qu'on les a assimilés à des héritiers
bénéficiaires. Comme ces derniers, ils ne sont point tenus du passif
au delà de l'actif, et ils jouissent du délai fixé par l'art. 877. Par conséquent, les titres exécutoires contre l'absent sont exécutoires contre
eux-mêmes, mais les créanciers ne peuvent en poursuivre l'exécution
que huit jours après la signification de ces titres à la personne ou au
domicile de l'envoyé. Toutes les réclamations que les tiers ont à former contre l'absent doivent être dirigées contre les envoyés.

La prescription ne peut jamais courir contre l'absent au profit des
envoyés en possession provisoire; mais il ne s'en suit pas que ces derniers ne puissent prescrire contre les tiers et que les tiers ne puissent
prescrire contre eux les biens de l'absent qui sont entre leurs mains ,
car la loi n'a pas rangé l'absence parmi les causes qui suspendent la
prescription. Toutefois il faudra, pour décider la question de prescription, considérer la personne de l'absent, s'il revient, et dans le cas

---

1. Zachariæ, § 154.

cas contraire la personne des envoyés, à laquelle on aura seule égard provisoirement. Ainsi, si l'absent ou l'envoyé est un mineur, la prescription devra-t-elle courir ou sera-t-elle suspendue? Si l'absent reparaît, sa condition servira de règle: s'il ne reparaît pas, ce sera la personne de l'envoyé qu'il faudra considérer. Provisoirement, avant que l'on ne sache laquelle de ces alternatives se réalisera, il semble que, puisqu'il faut considérer l'absent comme mort, sa minorité ne peut empêcher la prescription de courir: au contraire, elle sera suspendue par la minorité de l'envoyé.

Les envoyés en possession provisoire sont tenus de faire, dans les six mois du jour de l'envoi en possession, la déclaration à laquelle ils auraient été soumis, s'ils avaient été appelés à recueillir, par suite de décès, l'hérédité de l'absent, et d'acquitter les droits de mutation sur la valeur entière des biens qui leur reviennent[1].

Les envoyés en possession provisoire ne peuvent exclure les héritiers présomptifs de l'absent qui n'auraient fait leur demande qu'après eux, pourvu qu'ils la fassent avant qu'elle ne soit prescrite. Cette prescription est de trente ans et court à partir de la déclaration d'absence, car c'est depuis ce moment que les droits des héritiers sont ouverts. Si l'action est formée dans le délai utile, les envoyés en possession sont tenus de restituer les biens ou de les partager avec les héritiers qui se présentent: mais quant aux fruits, ils leur appartiennent, car le possesseur de bonne foi fait les fruits siens, et l'art. 127, qui exige la restitution d'une partie des fruits, ne s'applique qu'au cas où les envoyés sont tenus de rendre les biens à l'absent lui-même ou à ses véritables héritiers, par suite de réapparition ou de son décès prouvé. Du reste, le plus souvent, les envoyés en possession sont aussi les parents les plus proches au jour du décès de l'absent; mais le contraire pourrait arriver; par exemple, si un enfant né de l'absent rapportait la nouvelle de sa mort.

1. Loi du 28 avril 1816, art. 40.

Tous les frais occasionnés par la déclaration d'absence, par l'envoi en possession provisoire des héritiers et successeurs, et par l'administration des biens de l'absent, tombent à sa charge s'il reparaît.

Comment peut cesser l'envoi en possession provisoire.

L'envoi en possession provisoire cesse :
1° Par le retour de l'absent ;
2° Par la preuve de son décès ;
3° Par l'envoi en possession définitif.

Si l'absent reparaît ou donne de ses nouvelles, les effets de la déclaration d'absence cessent ; mais s'il ne reparaît pas immédiatement, les tribunaux peuvent prendre les mesures nécessaires à l'administration de son patrimoine. Les envoyés doivent rendre compte à l'absent, ou à son mandataire, ou à la personne chargée d'administrer ses biens : ils doivent aussi restituer les biens et les fruits, sauf la portion indiquée en l'art. 127. Cet article fixe trois époques suivant lesquelles la portion varie. Si l'absent reparaît avant quinze ans, ils ne sont tenus de restituer qu'un cinquième du revenu ; après quinze ans, ils ne sont tenus que d'un dixième ; après trente ans, la totalité des revenus leur appartient. Avant trente ans, la loi n'a pas dû attribuer tous les fruits aux envoyés en possession, parce que l'absent, en cas de retour, se serait trouvé sans ressources et obligé de vendre une partie de ses biens ou d'emprunter, pour subvenir à ses besoins. Le point de départ des délais de l'art. 127 se compte toujours à partir des dernières nouvelles. Cela est évident pour les deux premiers délais, le premier alinéa de l'art. 127 le dit formellement ; mais pour le troisième délai, il ne dit plus : *après trente ans de disparition*, mais : *après trente ans d'absence*. Il faut donc, disent certains auteurs, compter ce délai à partir du jour de la déclaration d'absence qui ne peut être prononcée que cinq ans après la disparition. Mais il est peu vraisemblable que, sans aucun motif, le législateur ait voulu fixer des délais

4

différents pour les trois époques, et il semble plus naturel d'admettre que le délai court toujours à partir du même moment.

L'époux commun en biens, qui a opté pour la continuation de la communauté, gagne, mais pour le compte de la communauté et ce, suivant les distinctions établies par notre article, tout ou partie des fruits provenant des propres de l'absent dont la jouissance aurait été exclue de la communauté. Quant aux biens dont la jouissance appartenait à la communauté, celle-ci en reste usufruitière [1].

Cette quotité de fruits est accordée par l'art. 127 comme indemnité des soins qu'ont pris les envoyés; mais cette mesure est établie dans l'intérêt de l'absent lui-même : elle stimulera le zèle des envoyés en possession. Du reste, ils sont tenus de contribuer dans les mêmes proportions aux charges de l'administration.

Nous avons dit que l'envoi en possession provisoire pouvait cesser en second lieu par la preuve du décès de l'absent. Si ce décès est prouvé pendant la période de déclaration d'absence, le compte doit être rendu aux héritiers de l'absent au jour de son décès; car, cette date étant constatée, ces héritiers sont maintenant connus, et les envoyés doivent restituer les biens et les fruits, sauf la portion dont parle l'art. 127. Or, il peut arriver que les envoyés en possession provisoire soient précisément les héritiers au jour du décès; ils ne doivent alors rendre de compte à personne; mais il n'en serait pas ainsi, si, étant héritiers au jour de la disparition de l'absent, ils ne l'étaient plus au jour de son décès. Ainsi, pour succéder à l'absent, il faut être son héritier au jour de son décès, tandis que, pour être envoyé en possession provisoire, il faut être son héritier au jour de sa disparition ou de ses dernières nouvelles.

Enfin, l'envoi en possession provisoire cesse encore par l'envoi en possession définitif dont nous allons nous occuper.

1. Zachariæ, § 155.

CHAPITRE II.

Envoi en possession définitif.

L'envoi en possession définitif peut être demandé soit après trente ans, à dater de la déclaration d'absence, ou à partir de l'époque où l'époux de l'absent aura pris l'administration de ses biens; soit cent ans après la naissance de l'absent.

En effet, si l'absent reparaissait après ces délais, ce serait là un événement extraordinaire, exceptionnel, et la loi établit ses règles pour ce qui est conforme à l'ordre naturel des choses. Le délai de trente ans a pour point de départ, d'après l'art. 129, l'époque de l'envoi en possession provisoire; mais c'est bien évidemment l'époque de la déclaration d'absence qu'il faut envisager. En effet, l'envoi définitif repose sur la présomption de mort, et la présomption de mort elle-même repose sur le temps écoulé sans nouvelles; la circonstance tout à fait étrangère à l'absent, que l'envoi provisoire a été ou n'a pas été prononcé, n'est ici d'aucune importance. Ce qui le prouve, du reste, c'est que l'envoi en possession définitif peut être demandé et obtenu, sans que l'envoi provisoire n'ait été ni demandé, ni obtenu, et ceux mêmes qui ont négligé de demander l'envoi provisoire peuvent demander l'envoi définitif. Si l'art. 129 indique pour point de départ du délai l'envoi provisoire, c'est parce que, presque toujours, l'envoi provisoire est prononcé par le même jugement que la déclaration d'absence.

La loi ne détermine aucune forme spéciale pour former la demande d'envoi en possession définitif; le demandeur présente donc une requête au président qui commet un juge rapporteur, et l'envoi est prononcé sur les conclusions du ministère public.

Quoique la loi ne l'exige pas positivement, un grand nombre d'au-

teurs pensent que le tribunal, avant de statuer, doit rendre un jugement préparatoire et ordonner une nouvelle enquête, afin de constater si l'absence a continué pendant l'envoi en possession provisoire.
L'art. 129 semble d'ailleurs exiger implicitement cette enquête en disant : *Si l'absence a continué trente ans.* Cette continuation sert de base à
la demande, et c'est au demandeur à la prouver ; or il ne le pourra
qu'au moyen d'une enquête.

Le droit de demander l'envoi en possession définitif appartient à
tous ceux qui peuvent demander l'envoi provisoire, peu importe qu'ils
l'aient ou non demandé et obtenu, pourvu que l'action qui leur compète ne soit point prescrite. Comme aucune disposition particulière
ne détermine par quel laps de temps cette prescription s'accomplit,
il faut recourir à l'art. 2262, qui forme le droit commun en matière
de prescription, et aux termes duquel toutes les actions se prescrivent
par trente ans. Les trente ans commenceront à courir à partir de la
déclaration d'absence. Nous avons vu, en effet, que la demande d'envoi en possession provisoire se prescrivait par trente ans à partir de
cette époque ; or, il est évident qu'une fois que l'on n'est plus admis à
demander l'envoi en possession provisoire, *a fortiori*, ne pourra-t-on
plus demander l'envoi en possession définitif?

Conséquences de l'envoi en possession définitif.

L'équilibre entre les présomptions de vie et de mort établi par l'envoi en possession provisoire est rompu ; la présomption de mort l'emporte ; les choses sont mises au profit des envoyés en possession définitive dans l'état où les placerait le décès prouvé de l'absent. Ils procé-
deront donc au partage de ses biens, si ce partage n'a pas déjà été
fait.

Cette période est la moins favorable aux intérêts de l'absent, et la
loi agit comme s'il ne devait plus reparaître. Toutes les mesures prescrites pendant la seconde période, dans son intérêt et dans la prévi-

sion de son retour, disparaissent; plus de garanties de restitution; les cautions sont déchargées de plein droit et même réputées n'avoir jamais été cautions; plus de réserve d'une portion des fruits au profit de l'absent, plus de restriction dans les pouvoirs des envoyés en possession qui peuvent disposer à leur gré de ses meubles et de ses immeubles. Ils deviennent propriétaires des biens de l'absent, chacun pour la part qui lui est dévolue.

En effet, aux termes de l'art. 132, l'absent qui reparaît, même après l'envoi définitif, et à quelque époque que ce soit, car son action est imprescriptible, peut revendiquer ses biens. Mais il les reprend dans l'état où il les retrouve : s'ils sont dégradés par le fait des envoyés en possession, il n'a aucun recours contre eux ; d'un autre côté, les envoyés en possession n'ont droit à aucune indemnité pour les réparations locatives ou d'entretien, puisqu'ils gardent les fruits[1]. Si tout ou partie a été aliéné, il ne peut les revendiquer entre les mains des tiers, et doit se contenter d'en recevoir soit le prix, sans distinguer s'il est encore dû ou s'il a été reçu et même consommé, soit les biens provenant de l'emploi qui aurait été fait de ce prix. Les aliénations des envoyés sont donc valables; il en résulte qu'ils sont propriétaires, car aux termes de l'art. 1599, l'aliénation de la chose d'autrui est nulle.

Les donations entre vifs, faites par l'envoyé en possession définitive, ne peuvent être attaquées par l'absent, et il ne peut exercer aucun recours contre l'envoyé en possession, car celui-ci n'est pas devenu plus riche par suite de cette aliénation à titre gratuit. Quelques auteurs, cependant, font une exception relativement aux dots que l'envoyé en possession aurait constituées à ses enfants avec les biens de l'absent; selon eux, la constitution de dot forme une obligation, sinon civile, du moins naturelle, et l'envoyé en possession est devenu réellement

1. Mais ne serait-il pas injuste et contraire à l'esprit de la loi, de leur refuser toute indemnité pour des augmentations, des constructions nouvelles?

plus riche de ce qu'il aurait dû donner en dot, s'il n'avait pas donné les biens de l'absent; ils pensent, par conséquent, que l'absent de retour a une action pour se faire rendre une somme égale à celle que l'envoyé en possession aurait constituée en dot.

Les envoyés en possession définitive sont, avons-nous dit, propriétaires des biens de l'absent; mais ils ne jouissent que d'un droit de propriété révocable, et l'expression d'*envoi définitif*, qui semblerait vouloir prouver le contraire, n'est qu'un vestige du système admis dans le projet de Code Napoléon, d'après lequel les envoyés en possession devenaient propriétaires incommutables. On distingue deux sortes de révocation de propriété : elle peut avoir lieu *ex tunc et nunc*, c'est-à-dire avec effet rétroactif, ou *ex nunc tantum*, c'est-à-dire sans effet rétroactif. Dans le premier cas, les personnes qui n'avaient qu'une propriété révocable sont censées n'avoir jamais été propriétaires; dans le second cas, au contraire, elles doivent être considérées comme ayant été propriétaires, depuis l'époque de leur prise de possession jusqu'à celle de l'action en revendication qui tend à les faire évincer. La révocation qui s'opère ici est une révocation *ex nunc tantum*, puisque les aliénations faites par les envoyés doivent être respectées; ils sont donc à considérer comme ayant été propriétaires jusqu'au moment de la révocation.

Cette révocation peut avoir lieu pour trois causes.

1° Elle peut être la conséquence d'une action en revendication exercée par l'absent ou par une autre personne en son nom. Cette action est imprescriptible pour l'absent, car l'art. 132 dit : «*même après l'emploi définitif,*» c'est-à-dire à quelque époque qu'il se présente. Mais, dira-t-on, toutes les actions tant réelles que personnelles se prescrivent en général par trente ans : quand donc la loi, dans une disposition spéciale, ne prescrit pas un délai plus court pour l'extinction d'une action, la prescription trentenaire doit s'appliquer? Cet argument tombe devant les art. 132 et 133 combinés. En effet, le premier accorde l'action en revendication à l'absent «*même après l'envoi définitif;*» le second

accorde cette action aux enfants et descendants directs de l'absent
«*dans les trente ans à compter de l'envoi définitif.*» Il est impossible de ne
pas voir là une opposition bien marquée quant à l'intention de la loi
dans ces deux articles. La position critique de l'absent a fait à la loi
un devoir de le traiter d'une manière plus favorable, en rendant son
action imprescriptible.

2° Elle peut être la conséquence d'une espèce d'action en pétition
d'hérédité formée par les enfants ou descendants légitimes ou naturels
de l'absent. Il faut supposer que l'existence de ces descendants directs
était inconnue à l'époque de l'envoi en possession provisoire ou de l'envoi en possession définitif, car s'ils avaient été connus à l'une ou
à l'autre époque, ils auraient eu seuls droit à la possession des biens
paternels.

L'action en pétition d'hérédité suppose d'ordinaire la preuve du
décès de la personne dont le demandeur se qualifie héritier; mais cette
preuve n'est pas ici exigée, pourvu que les demandeurs établissent leur
qualité d'enfants ou descendants, et qu'ils forment leur demande dans
les trente ans à partir de l'envoi définitif, car tant que l'envoi définitif
n'a pas été prononcé, leur action est imprescriptible.

3° Enfin la révocation de la propriété des envoyés en possession
définitive peut être la conséquence d'une action en pétition d'hérédité
formée par des héritiers de l'absent au jour de son décès, autres que
ses enfants ou descendants.

Ce n'est plus ici, comme ci-dessus, une action introduite à l'instar
de l'action en pétition d'hérédité; c'est une véritable action en pétition d'hérédité, et par conséquent ceux qui l'intentent doivent prouver
le décès de l'absent. Cette action peut en général être exercée tant
qu'il ne s'est pas écoulé trente ans depuis le décès [1]. Il en sera donc
de même ici, car rien ne nous dit que l'art. 789 ne doit pas s'appliquer.

1. Art. 789.

D'ailleurs l'art. 130 vient encore donner plus de vraisemblance à cette opinion : on a prétendu qu'il ne s'appliquait qu'au cas où la preuve du décès de l'absent a été faite avant l'envoi en possession définitif; mais rien n'autorise cette supposition, et par la place qu'il occupe entre des dispositions relatives à l'envoi provisoire, et d'autres relatives à l'envoi définitif, cet article paraît s'appliquer à ces deux hypothèses.

JUS ROMANUM.

De restitutione in integrum propter absentiam.

§ 1. *De absentia generaliter.*

Absentem accipere debemus eum qui non est in eo loco in quo petitur[1]. Absenti verum etiam assimilatur qui quamvis præsens, jura sua, qualibet causa impediente exercere nequit[2]. Itaque absentes habentur qui Romæ dant reipublicæ operam, ut sunt magistratus. Milites quoque qui Romæ militant, absentes habentur; ea enim sunt conditione ut quolibet momento proficisci eos oporteat, et ita destinatione animi absentes intelliguntur. Eadem dici possunt de eo qui in vinculis est, quod non solum ad eum pertinet qui publica custodia coërcetur, sed ad eum quoque qui a latronibus aut prædonibus, aut potentiore vi oppressus coërcetur. Etiam absentes existimantur qui sine dedecore in publico comparere non possunt, veluti si quis nisi alligatus vinculis non possit, vel vestibus careat[3].

Denique hoc etiam ad furiosos spectat, quia mente carentes jura sua exercere non possunt.

1. Dig. L, 16.
2. Mackeldey, § 138.
3. D. IV, 6.

5

Absentia voluntaria vel necessaria esse potest. Necessaria est absentia veluti si quis metus causa abest, scilicet non supervacuo timore, sed justo timore mortis vel cruciatus corporis conterritus, aut quum quis reipublicæ causa abest : non autem publica causa abesse intelligitur qui in provincia sua ultra tempus a constitutionibus concessum assidet, et voluntaria haberi debet ista absentia.

§ II. *De restitutione in integrum generaliter.*

Per restitutionem in integrum, quod quidem stricto jure civili valet, a prætore secundum naturalem æquitatem rescindi potest, postulante eo cujus læsum jus est, per id tempus quo reipublicæ operam dabat, vel adverso casu laborabat[1]. Restitutio in integrum res in eodem statu reponit quo antea fuerant, et juris civilis corrigendi gratia introducta est. Non conceditur hæc restitutio si non satis grave damnum videtur : hujus autem rei disquisitio judicis est. Nec negligentibus succurritur, sed solum necessitatibus rerum impeditis[2] : minor solus, quamvis imprudens fuit, restituitur.

Illud etiam animadvertendum est, ut nulla alia sit juris via qua damnum corrigi possit, nam solum in eo casu concedit prætor restitutionem, cum nulla alia via superest. Et quia restitutio in integrum beneficium legis est, non impetratur nisi postulata. Quam primum postulata fuit, omnia in statu manere debent donec res finiatur, idque curabit is ad cujus partes ea res pertinet[3].

Postulari potest modo per actionem, modo per exceptionem, vel etiam per replicationem aut duplicationem.

Per actionem, postulari debet in quadriennio ex illo tempore quo læsus novit damnum : per exceptionem vero, nulla mora est.

1. Mackeldey, § 502.
2. D. IV, 6.
3. C. II, 50.

Non solum læsus ipse restitui potest, sed possunt etiam ejus heredes vel fidejussores, quamvis ipse non postulaverit : non possunt autem si renuntiavit, vel si tempus utile jam non est.

§ III. *De restitutione in integrum propter absentiam.*

Edicto de absentibus prætor subvenit quibus absentia aut sua aut aliena impedimento fuit quominus jus suum intra legitimum tempus, vel persequerentur, vel defenderent[1]. Hoc autem pluribus modis fieri potest, varios secundum casus.

Quum quis per absentiam jus jam sibi acquisitum amisit, actionem pristinam quæ ex illo jure nascitur, restituit illi prætor.

Quum quis per absentiam jus quoddam exercere impeditus fuit, concidit illi prætor eamdem actionem quæ ex isto jure nata fuisset, si jus consecutus esset.

Denique quum jus suum per exceptionem exercere potest qui abfuit, rescissoriam actionem dat illi prætor contra actorem adversarium suum[2]. Jus autem per exceptionem exercere potest, veluti cum fortuito casu rursus eam rem possidet cujus possessionem per absentiam amiserat, adversariusque illam repetit.

Non solum absentibus succurritur ne capiantur, sed etiam adversus eos ne capiant. Hæc restitutio locum habet sive per se, sive per subjectas sibi personas aliquid adquiserunt qui absentes non defendebantur, et ita si nemo eorum erat defensor; nam si fuit procurator quem convenire potuerunt præsentes, non inquietari debet absens. Ita absens defendi non videtur si actor ultro interpellat, nec quisquam defensioni se offerat, eaque testatione complecti oportet. Sicut enim damno eos adfici non vult prætor, ita lucrum facere non patitur[3].

1. Mühlenbruck, § 166
2. Mackeldey, § 502.
3. Dig. IV, 6.

Locus est hic, ut de actione publiciana loquamur, nam illa quoque ad absentes spectat. Si quis, cum reipublicæ causa abesset, vel in hostium potestate esset, rem ejus qui in civitate esset usuceperit, permittitur domino, si possessor reipublicæ causa abesse desierit, tunc intra quadriennium, rescissa usucapione eam petere, id est, ita petere ut dicat possessorem usu non cepisse, et ob id suam rem esse[1].

Absentes qui propter necessitatem, velut reipublicæ causa aut justo metu perterriti absunt, aut apud hostes sunt, semper restituuntur, sive aliquid amiserunt, sive aliquid lucrati non sunt[2].

Is autem qui reipublicæ causa affecturus erat, si procuratorem reliquit per quem defendi potuit, in integrum volens restitui, non auditur, nam jura sua per procuratorem, ut præsens exercere poterat.

Necesse est etiam ut damnum, ex absentia exsurgat, et ita, isqui reipublicæ causa abest, in aliqua re læsus non restituitur, in qua etiam si reipublicæ causa non abfuisset damnum erat passurus.

Qui reipublicæ causa abfuit etiam adversus eum qui paritur reipublicæ causa abfuerit restituendus est, si quid damni juste quæritur[3].

Iis etiam qui ex causa necessaria sed vituperabili absunt velut relegatis succurritur, dummodo iis objici non possit negligentia, scilicet quod procuratorem non reliquerunt : si vero procuratorem relinquere non potuerunt, adjuvantur. Præterea adjuvantur qui ex voluntaria causa, probabili illa quidem, velut studiorum gratia non adfuerunt, procuratore defuncto, quem quidem relinquere eos oportebat[4].

Quadriennium per quod conceditur restitutio currit ex die reditus absentis, vel ex die quo finiit impedimentum.

1. Inst. IV, 6.
2. Mühlenbruck, § 166.
3. D. IV, 6.
4. Mühlenbruck, § 166.

De jure postliminii, de redemptis ab hostibus et de lege Cornelia.

---

§ I. De jure postliminii.

Civis romanus ab hostibus captus fiebat; si vero revertebatur, fictione postliminii nunquam captus fuisse habebatur.

Postliminium autem est jus amissæ rei recipiendæ ab extraneo et in statum pristinum restituendæ, inter nos ac liberos populos, regesque, moribus, legibus constitutum. Nam quod bello amisimus, aut etiam citra bellum, hoc si rursus recipiamus, dicimus postliminio recipere. Idque, naturali æquitate introductum est, ut qui per injuriam ab extraneis detinebatur, is, ubi in fines suos rediisset, pristinum jus suum reciperet[1]. Dictum est postliminium a limine et post, unde eum qui ab hostibus captus in fines nostros postea pervenit, postliminio reversum recte dicimus[2].

Postliminium dari potest, ut diximus, bello vel extra bellum. Bello datur, cum qui, ab hostibus captus est, in fines nostros rursus intraverit, aut in civitatem sociam, aut ad regem socium pervenerit. Induciarum autem tempore postliminium non est. In pace datur postliminium, si cum gente aliqua nullum amicitiæ fœdus habemus : nam hi hostes quidem non sunt; omne autem quod ex nobis ad eos pervenit illorum fit, et liber homo noster qui ab eis captus est, servus fit eorum. Idemque advenit si ab illis ad nos aliquid perveniat[3].

1. L. 19, D. 49, 15.
2. Inst. 1, 12.
3. L. 5, D. 49, 15.

Datur postliminium inter populum romanum et extraneos populos quibus bellum decrevit : qui autem a latronibus vel prædonibus capti fuerunt liberi tamen permanent, et nullo illis postliminio opus est. Idem dicendum est de civilibus nostris dissensionibus, quamvis sæpe per eas respublica lædatur : qui ab adversa parte capti fuerunt, statum non mutant [1].

Nihil interest quomodo captivus reversus est ; utrum dimissus, an vi vel fallacia potestatem hostium evaserit : ita tamen si ea mente venerit, ut non apud hostes reverteretur. Hi etiam qui devictis hostibus recuperantur, postliminio rediisse existimantur [2].

Inter nos et liberos fœderatosque populos postliminio non opus est. Illi enim apud nos et libertatem suam et dominium rerum suarum æque atque apud se retinent, et eadem nobis apud eos contingunt [3].

Ex his quæ supra diximus, jam intelligi potest duas esse postliminii species, nam aut non revertimur, aut ex nostris aliquid accipimus. Ideo cum filiusfamilias ab hostibus captus revertitur, duæ simul sunt in eo postliminii species, nam eum recipit pater, et ipse jus suum.

Captivus autem, si a nobis manumissus fuerit et pervenerit ad suos, non postliminio reversus intelligitur, si animum revertendi non habet, malitque in nostra civitate manere. Ideo Regulus, quem Carthaginenses Romam miserunt, non postliminio rediisse visus est, quia juraverat Carthaginem reversurum, nec animum Romæ remanendi habebat. Transfugis nullum postliminium est ; nam qui malo consilio et proditoris animo patriam reliquit, hostium numero merito habetur. Idcirco si filiusfamilias transfuga fuit, non potest postliminio reverti, et sic illum pater amittit quemadmodum patria. Si vero

1. L. 21, D. 49, 15.
2. L. 26, ibid.
3. L. 7, ibid.

servus transfugerit ad hostes, postliminio dominus in eo jus pristinum recipere potest, nam contrarium jus non tam servo injuriosum
esset, quia servus semper permanet, quam domino damnosum, qui
rem suam amisisset [1].

Non omnibus autem rebus postliminium est; non est enim istis
quæ sine negligentia amitti non possunt, ut vestes.

Arma quoque postliminio reverti negatur, quod turpiter amittun-
tur. Equus freni patiens postliminio recipitur, quia sine culpa equi-
tis proripere se potuit : equus vero indomitus non recipitur ; nam
fera est, et ubi effugit rursus nullius est, et occupantis fit.

Navibus longis atque onerariis propter belli usum postliminium
est, non autem piscatoriis aut voluptatis causa comparatis actuariis [2].
Agros quoque qui ab hostibus capti fuerunt, expulsis hostibus prio-
res domini jure postliminii recuperant [3].

Nunquam apud hostes fuisse creditur qui jure postliminii rediit :
idcirco non solum illi jura restituuntur quibus ante captivitatem frue-
batur, sed illa etiam quæ intra captivitatem nata sunt.

Si quis ab hostibus captus fuit, hi quos in potestate ante captivitatem habebat, in incerto sunt utrum sui juris facti, an adhuc pro
filiisfamiliarum computari debeant [4]; pendet enim eorum jus, rever-
susque pater patriam potestatem recuperat. Si vero apud hostes de-
cesserit, ex quo captus est pater, filius sui juris fuisse videtur. Ipse
quoque filius neposve, si ab hostibus captus fuerit, similiter jus po-
testatis parentis in suspenso est [5].

Filiusfamilias cujus pater ab hostibus captus est, si non intra trien-
nium revertatur, uxorem ducere potest, quamvis consentire nuptiis

1. L. 19, D. 49, 15.
2. L. 2, ibid.
3. L. 20, ibid.
4. L. 12, ibid.
5. Inst. 1, 12.

pater ejus non posset : injustum enim visum est jus uxorem ducendi
diutius in suspenso esse propter captivitatem patris [1].

Si quid filius ejus qui in hostium potestate est accipit aut stipula-
tur, id ipsi filio acquisitum intelligitur si pater apud hostes mortuus
est : si vero redit pater, hoc acquirit jure postliminii : reverso enim
patre, filius existimatur nunquam sui juris fuisse ; mortuo autem
apud hostes patre, tunc paterfamilias fuisse existimatur filius cum
pater ejus in hostium potestatem perveniret [2].

Uxores eorum qui in potestatem pervenerunt, donec certum est
maritum vivere in captivitate constitutum, nullam licentiam habent ad
alium matrimonium migrare : sin autem in incerto est an vivus apud
hostes teneatur, maritus vel morte præventus, tunc si quinquennium
a tempore captivitatis excesserit, licentiam habebat mulier ad alias
migrare nuptias [3]. Hoc autem per undecimum caput Novellæ cente-
ninæ et septem decimæ mutatum fuit, et quantoscumque annos absens
manserit maritus, eum expèctare debet uxor, licet nec litteras, nec
responsum aliquod ab illo susceperit. Si qua vero mulier audierit suum
maritum esse mortuum, neque tunc ad alias venere nuptias potest,
nisi prius chartularios aut tribunum interrogaverit, si pro veritate
mortuus est maritus.

§ II. *De redemptis ab hostibus.*

Redempti ab hostibus redemptori pretium redemptionis reddere
debent, aut quinquennium servire; magis autem in causam pignoris, quàm in servilem conditionem esse detrusi videntur [4].

Redemptor oblatum à redempto pretium, etiam invitus accipere
cogitur, ne postea eum de statu inquietare possit.

1. L. 9, D. de ritu nuptiarum.
2. L. 22, D. 49, 15.
3. L. 6, D. 24, 2.
4. L. 2, C. 8, 51.

Attamen qui a matre redemptus est, nullum debet matri redemptionis pretium : non etiam debetur quod ab hostibus revertenti in usum vestium aut alimentorum datum fuit.

Redempta redemptori potest nubere, tumque rumpitur pignoris vinculum propter matrimonii dignitatem, nihilque est quod de statu ejus seu liberorum communium debeat pertimescere.

Nati ex redempta liberi sunt, ideoque ne pignoris quidem loco a redemptore possunt retineri.

Qui redemptam prostituit, pretium jusque pignoris amittit, justamque fugiendi rationem habet redempta.

§ III. *De lege Cornelia.*

Fictione legis Corneliæ, qui reversus non est ab hostibus, quasi tunc decessisse videtur cum captus est[1]. Itaque bona eorum qui in hostium potestatem pervenerint atque ibi decesserint, ad eos pertinent ad quos, si in hostium potestatem non pervenissent, pertinerent. Ea quoque pertinent ad heredem, quæ ipse qui in hostium potestate est, habiturus esset, si postliminio revertisset[2], veluti si quid servus ejus qui ab hostibus captus est postea stipulatus est, aut aliquid servo legatum sit, posteaquam ille ad hostes pervenit[3].

Eadem fictione, ut jam antea diximus, liberi istius qui ab hostibus captus est atque ibi mortuus est, ex illo momento sui juris fuisse existimantur, quo captus est pater. Codicilli, si quos apud hostes scripserit, non valent, nec potest fideicommissum ex illis peti; si vero postea reversus est, et postliminio jus suum recepit, ita suum effectum habent, quasi in medio nulla captivitas intervenisset[4].

1. L. 18, D. 49, 15.
2. L. 12, ibid.
3. L. 1, ibid.
4. L. 12, ibid.

DROIT CRIMINEL.

DE LA PEINE.

CHAPITRE PREMIER.

Des peines en général.

Sans entrer ici dans l'examen des divers systèmes de pénalité qui ont été proposés, et des discussions nombreuses qu'ils ont soulevées, nous nous bornerons à dire que le but de toute pénalité est le maintien de l'ordre dans la société, la protection du droit[1].

Pour atteindre ce but, il ne suffit pas de punir le coupable, de lui rendre le mal pour le mal : il faut que l'exemple de son châtiment intimide ceux qui seraient tentés de l'imiter : la peine doit donc être exemplaire.

Après l'expiration de sa peine, le coupable rentre au sein de la société ; si la peine qu'il a subie ne l'a point amendé, il recommencera ses attentats : la peine doit donc être réformatrice.

La peine doit être personnelle, c'est-à-dire ne frapper que la per-

1. Faustin-Hélie, tit. Ier, chap. IV.

sonne même du coupable : ainsi l'amende n'est pas une peine personnelle, parce qu'elle diminue la fortune de la famille du coupable.

La peine doit être égale. En effet, toute peine emporte la privation
d'un bien, et ce bien devrait avoir la même valeur aux yeux de tous.
Mais ce but est impossible à atteindre, et l'inégalité est inhérente
à la plupart des dispositions pénales : mais cette inégalité tient à la
nature de l'homme et non aux dispositions pénales; car il n'existe pas
deux prévenus qui soient placés dans les mêmes conditions, dont
l'âme empreinte de la même sensibilité soit au même degré accessible
à la honte, aux regrets, à la souffrance, et la peine qui sera presque
indifférente à l'un semblera à l'autre plus cruelle que la mort même.

Enfin, la justice humaine n'étant point infaillible, les peines doivent, autant que possible, ne pas être irréparables.

CHAPITRE II.

Des peines en matière criminelle.

La première division que nous rencontrons dans le Code pénal
(art. 1er) est la distinction des peines en peines afflictives ou infamantes, peines correctionnelles et peines de police : les premières sont en
outre ou afflictives et infamantes, ou simplement infamantes.

Cette division correspond à la division des infractions en crimes,
délits et contraventions. Elle a une utilité pratique; mais, selon quelques auteurs, elle n'est pas conforme à l'ordre naturel des idées. En
effet, c'est de la nature du fait, de la gravité de l'acte coupable que
doit dériver la qualification plus ou moins grave, la peine plus ou
moins forte que le législateur lui imprime. Le Code pénal, au contraire, semble prendre, pour point de départ de la qualification qu'il
donne aux différents délits, la gravité de la peine dont il les frappe.
Ainsi, pour déterminer si un fait est un crime, un délit ou une con-

travention, notre législation paraît s'attacher plutôt à la peine dont elle frappe ce fait, qu'à son immoralité même. Mais ce reproche n'est pas aussi sérieux qu'il le semble au premier abord, car, en définitive, cette division des peines correspond à l'immoralité plus ou moins grande du fait qu'elles sont destinées à réprimer.

Cette classification mérite peut-être un autre reproche plus sérieux, c'est celui de n'être pas toujours sanctionnée par l'opinion publique; car il arrive bien souvent qu'un fait qui, jugé sous le point de vue de la morale, semblerait tout à fait pareil à un autre fait, pourrait n'être qu'un délit, tandis que le second serait un crime. C'est que le législateur, dans l'application de la peine, n'envisage pas seulement l'immoralité du fait punissable : il s'attache encore à une autre considération, au danger social qui résulte de ce fait.

§ 1er. *Des peines afflictives et infamantes.*

Les peines afflictives et infamantes sont énumérées en l'art. 7 du Code pénal; ce sont : 1° la mort, 2° les travaux forcés à perpétuité, 3° la déportation, 4° les travaux forcés à temps, 5° la détention, 6° la réclusion.

Au premier degré de l'échelle pénale, nous trouvons donc la peine de mort. Nous n'entrerons pas ici dans le détail des nombreuses discussions qui ont été soulevées pour et contre la légitimité de cette peine, de toutes les objections qui ont été présentées contre elle, empruntées les unes au système religieux, d'autres se rattachant à des systèmes d'organisation sociale.

Nous ne nous arrêterons qu'à une seule objection, la plus forte, la plus sérieuse, à laquelle s'attachent le plus volontiers les adversaires de la peine de mort. La société, disent-ils, n'a de droits en matière de pénalité que les droits et les pouvoirs des individus dont elle est la collection. Or, l'individu peut tuer sans doute en cas de légitime défense et quand il n'y a pas pour lui d'autre moyen de protéger sa vie, car alors son but n'est pas d'ôter la vie à son semblable, c'est uniquement de défendre la sienne; mais une fois que le danger est passé, il ne peut plus sans crime donner une mort inutile. Eh bien, la légitime défense n'existe jamais pour la société, au moins quand l'accusé comparaît désarmé devant le tribunal appelé à le juger; la société a sans doute le droit de le mettre dans l'impossibilité de lui nuire par un emprisonnement aussi long qu'elle le jugera nécessaire, mais elle n'a pas le droit de se garantir contre les chances d'évasion en lui infligeant la mort, et de le rendre ainsi responsable de la faiblesse de ses verroux, ou de la négligence de ses gardiens.

Cette objection conduit à de singulières conséquences. En effet, s'il était vrai que la société n'a pas plus de droits que chacun des individus qui la composent, elle devrait se contenter, par une simple détention, d'enlever au coupable le moyen de nuire, sans pouvoir lui infliger en outre des travaux plus ou moins durs, plus ou moins pénibles, suivant la gravité de sa faute. Il faudrait aller même plus loin, et dire que si, par un accident quelconque, par une mutilation, le pouvoir de nuire était enlevé au criminel, aucune peine ne devrait lui être infligée. Mais dans le droit de punir, il y a autre chose que la nécessité de la défense, il y a l'immoralité à frapper.

Or, la conscience de tous les peuples, de tous les hommes, dit qu'il y a des crimes pour lesquels la peine de mort n'est pas une peine trop forte; seulement l'opinion publique répugne à son abus, et son application tend à devenir de plus en plus rare. Elle a été supprimée dans un certain nombre de cas lors de la révision du Code pénal en 1832, et l'art. 463 du Code actuel donne au jury le pouvoir de la supprimer dans tous les cas par l'admission des circonstances atténuantes. Cette peine a, du reste, l'inconvénient d'être indivisible et irréparable, mais elle est éminemment exemplaire et aussi égale que possible.

Elle avait dans notre ancienne législation ses divers degrés de cruauté; mais la mort, en admettant la légitimité de cette peine dans certains cas, doit être au moins le maximum, le *nec plus ultra* de la

justice humaine. Aussi a-t-on supprimé avec raison, en 1832, l'ancienne peine de la mutilation du poing pour le parricide, prescrite
par l'art. 13 du Code de 1810. Cet acte de barbarie ne pouvait pro-
duire d'autre effet que d'exciter la pitié en faveur du supplicié. Quant
aux autres dispositions, l'art. 13 actuel est la reproduction de l'art. 13
du Code de 1810; ainsi, le parricide est conduit sur le lieu de l'exécution en chemise, nus pieds et la tête couverte d'un voile noir; puis
il reste exposé sur l'échafaud, pendant qu'un huissier fait au peuple
lecture de l'arrêt de condamnation.

Tout condamné à mort doit avoir la tête tranchée (art. 12).

Les corps des suppliciés sont délivrés à leurs familles, si elles les ré-
clament, à la charge par elles de les faire inhumer sans aucun ap-
pareil (art. 14).

Chacun comprend le motif à la fois d'ordre public et d'humanité
qui a dicté cette disposition.

L'art. 375 du Code d'instruction criminelle ordonne que les condamnations soient exécutées dans les vingt-quatre heures qui suivent
les délais de recours, s'il n'y a point eu de recours en cassation, ou,
en cas de recours, dans les vingt-quatre heures de la réception de
l'arrêt de la Cour de cassation qui aura rejeté la demande. Mais l'art.
25 du Code pénal forme exception à cette règle, aucune condamnation
ne pouvant être exécutée les jours de fête nationale ou religieuse, ni
les dimanches.

Enfin, aux termes de l'art. 27, il est sursis à l'exécution des femmes
enceintes.

L'arrêt de condamnation indique le lieu, c'est-à-dire la ville, le
bourg, le village où se fera l'exécution; l'autorité administrative détermine l'endroit le plus convenable dans chaque localité.

Passons aux autres peines perpétuelles. Le principal reproche qu'on
leur ait adressé, c'est d'achever la démoralisation du condamné. C'est
l'espoir, a-t-on dit, de reprendre une place honorable dans la société
qui le soutient dans les efforts qu'il fait pour changer ses habitudes

et corriger ses penchants. Cette objection est sérieuse sans doute, mais le moyen d'obvier à l'inconvénient sur lequel elle s'appuie, c'est de n'appliquer une peine perpétuelle que quand il ne peut plus guère y avoir d'espoir de régénération du coupable. Un second moyen, c'est de déposer, entre les mains du captif lui-même, le moyen d'adoucir la rigueur de sa peine ; et, en effet, sa bonne conduite et son repentir peuvent autoriser en sa faveur l'exercice du droit de grâce. Cependant il faut pour cela qu'il ait subi une partie notable de sa peine ; car il ne suffit pas que le coupable soit corrigé, il faut encore que la société ait reçu une réparation suffisante. Cette idée a surtout été mise à profit dans le décret du 28 mars — 16 avril 1852, que nous allons examiner bientôt.

La perpétuité des peines peut seule justifier et favoriser l'abolition de la peine de mort, ou du moins la rendre de plus en plus rare ; car une trop grande distance sépare la peine de mort des peines temporaires, pour qu'on puisse remplacer la première par les secondes.

Ensuite, un des buts de toute peine est de prévenir les crimes par l'intimidation ; la perpétuité des peines a éminemment ce caractère. D'ailleurs, il est des hommes que l'habitude du crime a endurcis et qui ont brisé les derniers liens qui les attachaient à la société. Quels seraient contre eux ses moyens de défense, si elle devait forcément, au bout d'un certain temps, leur ouvrir les portes de leur prison ?

Les peines perpétuelles, autres que la mort, sont les travaux forcés à perpétuité et la déportation. Aux termes de l'art. 15 du Code pénal, les hommes condamnés aux travaux forcés sont employés aux travaux les plus pénibles ; ils traînent à leurs pieds un boulet, et sont attachés deux à deux par une chaîne, lorsque la nature du travail auquel ils sont soumis le permet.

Aux termes de l'art. 16, les femmes et les filles condamnées aux travaux forcés n'y sont employées que dans l'intérieur d'une maison de force.

Dans quelques pays, les condamnés aux travaux forcés sont envoyés pour l'exécution de leur peine dans une colonie pénitentiaire. Ce système présente l'avantage de mettre la métropole à l'abri des chances d'évasion. Un projet de loi a été présenté sur cette matière, et il est probable que d'ici à peu de temps notre législation sur ce point sera modifiée.

Aujourd'hui déjà, en vertu d'un décret du 28 mars, 16 avril 1852, un grand nombre de condamnés aux travaux forcés sont, sur leur demande, envoyés à la Guyane française, pour y subir leur peine et sont employés aux travaux de la colonisation, de la culture, de l'exploitation des forêts et tous autres travaux d'utilité publique. A la différence de ce qui se passe dans les bagnes, ils ne peuvent être enchaînés deux à deux ou assujettis à traîner le boulet qu'à titre de peine disciplinaire ou par mesure de sûreté. Les femmes sont employées à des travaux en rapport avec leur sexe.

Les condamnés des deux sexes qui auront subi deux années au moins de leur peine, tant en France que dans la colonie, et qui se seront rendus dignes d'indulgence par leur bonne conduite et leur repentir, pourront obtenir :

1° L'autorisation de travailler, aux conditions déterminées par l'administration, soit pour les habitants de la colonie, soit pour les administrations locales ;

2° L'autorisation de contracter mariage ;

3° La concession d'un terrain et la faculté de le cultiver pour leur propre compte ; mais cette concession ne pourra devenir définitive qu'après dix années de possession.

Leurs familles peuvent aussi être autorisées à les rejoindre et à vivre avec eux dans la colonie.

Tout condamné, dont la peine est de moins de huit ans de travaux forcés, est tenu, à l'expiration de ce terme, de résider dans la colonie pendant un temps au moins égal à la durée de sa condamnation. Si la peine est de huit ans ou au delà, il est tenu d'y résider pendant toute sa vie, et même, en cas de grâce, il n'est dispensé de cette obligation que par une disposition particulière de la lettre de grâce. Les condamnés sont soumis à la juridiction militaire, et peuvent obtenir l'exercice de tout ou partie de leurs droits civils.

Arrivons à la déportation. Cette peine, établie par le Code pénal de 1810, est restée jusqu'en 1850 sans application aucune. Avant 1832, les condamnés à la déportation devaient rester à la disposition du gouvernement jusqu'à ce qu'un lieu de déportation eût été fixé, et, faute d'un lieu jugé convenable, cet état provisoire en apparence était en réalité définitif. En 1832, on proposa de substituer à la déportation une détention perpétuelle. Cette proposition a été rejetée ; le mot déportation a été maintenu dans le Code, car on espérait arriver un jour à l'exécution de cette peine ; mais jusqu'en 1850, l'exécution légale a consisté à détenir le condamné dans une forteresse.

Enfin, la loi du 16 juin 1850 a fixé l'île de Nouka-Hiva, l'une des Marquises, comme lieu de déportation pour l'exécution de l'art. 17 du Code pénal, et la vallée de Vaïthau, aux îles Marquises, pour les déportés en vertu de la même loi. En effet, cette loi remplace par la déportation dans une enceinte fortifiée la peine de mort en matière politique. Ces derniers ne sont pas morts civilement, et jouissent de toute la liberté compatible avec la nécessité d'assurer la garde de leurs personnes.

Une différence caractéristique entre les travaux forcés et la déportation, c'est que le déporté ne peut être assujetti à aucun travail.

Les peines temporaires que la loi a qualifiées d'afflictives et d'infamantes, sont au nombre de trois : les travaux forcés à temps, la détention et la réclusion. Nous nous sommes déjà occupés des travaux forcés ; ajoutons seulement que les travaux forcés à temps ont un minimum de cinq ans et un maximum de vingt (art. 19).

La détention n'est qu'une variété de la réclusion ; elle n'en diffère que par le mode d'exécution. Sa durée varie entre un minimum de cinq ans et un maximum de vingt ans, sauf le cas prévu par l'art. 33.

Aux termes de cet article, le banni qui rentre en France avant l'ex-

7

piration de sa peine, doit être, sur la seule preuve de son identité, condamné à la détention pour un temps au moins égal à celui qui restait à courir jusqu'à l'expiration du bannissement, et qui ne pourra en excéder le double. Or, le maximum du bannissement étant de dix ans, il n'y aura jamais lieu de prononcer une détention de plus de vingt ans ; l'art. 33 ne change donc rien au maximum de cette peine, il n'a d'influence que sur le minimum ; car le banni, rentré en France, pourra bien ne plus avoir, par exemple, qu'un an à faire, auquel cas il ne sera condamné qu'à deux ans de détention au plus. Les détenus sont renfermés dans une forteresse, située sur le territoire continental de l'empire ; ils ne peuvent être assujettis à aucun travail ; ils peuvent communiquer entre eux et avec les personnes du dehors : en un mot, la détention est une simple privation de la liberté qui n'est guère prononcée que pour les crimes politiques ; elle se borne à ôter au condamné le pouvoir de nuire.

Dans la réclusion, au contraire, les condamnés sont enfermés dans une maison de force et assujettis au travail. Mais comme la loi n'a point qualifié la nature des travaux des réclusionnaires, chaque condamné doit avoir la faculté, autant que la police de la prison peut le permettre, de travailler au métier qu'il exerce habituellement.

Le produit du travail de chaque détenu peut être en partie employé à son profit. Le minimum de la réclusion est de cinq ans et son maximum de dix ; sous ce point de vue donc elle diffère encore de la détention. Enfin la détention, quoique rangée légalement au nombre des peines afflictives et infamantes, n'entraîne cependant pas ce degré d'infamie qui s'attache toujours nécessairement à la peine de la réclusion à cause des faits pour lesquels elle a été constituée.

§ 2. *Des peines infamantes.*

L'art. 8 était ainsi conçu : les peines infamantes sont : 1° le carcan, 2° le bannissement, 3° la dégradation civique.

Le carcan a été supprimé comme peine principale par la loi du 28 avril 1832, mais l'exposition publique a été maintenue comme peine accessoire. Cette peine, il faut le reconnaître, était éminemment exemplaire; mais en flétrissant le condamné, elle le forçait pour ainsi dire à rompre avec la société; elle était inappréciable, et agissait en sens inverse de la moralité de celui qui la subissait. On prit d'abord un moyen terme et, supprimant l'exposition comme peine principale, il fut décidé qu'elle serait la conséquence légale des travaux forcés et de la réclusion, mais que les juges auraient toujours la faculté d'en dispenser; de plus, elle n'était jamais prononcée contre les mineurs de dix-huit ans ni contre les septuagénaires. Enfin, elle fut complétement abolie par un décret du 14 avril 1848.

Il n'y a donc plus aujourd'hui que deux peines que le Code pénal qualifie d'infamantes, le bannissement et la dégradation civique.

Plusieurs différences distinguent le bannissement de la déportation.

1° Le bannissement est une peine simplement infamante, tandis que la déportation est une peine afflictive et infamante.

2° Le bannissement est une peine temporaire, la déportation est une peine perpétuelle.

3° Le bannissement est le transport hors de l'empire du condamné qui est libre de choisir le lieu de son séjour à l'étranger; la déportation est le transport du condamné dans un lieu déterminé, avec contrainte d'y rester.

Le bannissement est une peine très-ancienne : c'était la peine la plus commune des citoyens de la Grèce et de Rome. Les criminalistes ont émis sur elle des opinions très-diverses. Les uns y voient un remède universel, et voudraient qu'on l'appliquât à tous les crimes ; d'autres n'y voient que le résultat de l'égoïsme des peuples qui voudraient se débarrasser de leurs criminels, les uns aux dépens des autres. Si la présence du coupable est dangereuse pour sa patrie, elle ne le sera pas moins pour sa nouvelle résidence; il n'y trouvera pas des ressources plus abondantes pour prévenir sa rechute.

Ces considérations ont été suffisantes pour dérober à l'application de cette peine les crimes les plus communs; aussi, de nos jours, n'est-elle guère infligée que pour des crimes politiques. La peine ainsi modifiée, l'inconvénient que nous avons signalé plus haut disparaît; un homme, en effet, peut être mauvais citoyen dans son pays et ne pas l'être dans un autre; la présence du coupable d'un crime politique ne présente ordinairement qu'un danger local.

Cependant cette peine a l'inconvénient de n'être nullement exemplaire, puisqu'elle s'accomplit loin des yeux de ceux qu'elle devrait instruire; de plus, elle est très-inégale : en l'appliquant, le législateur ignore le degré de sévérité qu'il déploie, il ne connaît pas le mal qu'il inflige.

Nous avons déjà parlé du cas prévu par l'art. 33, qui est celui où un banni rentre en France avant l'expiration de sa peine. Les art. 518 et 519 du Code d'instruction criminelle indiquent la procédure à suivre. La constatation de l'identité du coupable sera faite par la cour d'assises qui aura prononcé sa condamnation, et qui appliquera la peine édictée par la loi; ce jugement doit être prononcé sans l'assistance de jurés, et en présence de l'individu repris, à peine de nullité.

Les art. 34 et 35 décrivent les peines et les incapacités dont se compose la dégradation civique. Elle est l'accessoire nécessaire des travaux forcés à temps, de la détention, de la réclusion et du bannissement (art. 28), mais elle peut aussi être prononcée comme peine principale, et peut dans ce cas être accompagnée d'un emprisonnement, dont le maximum est fixé à cinq ans. Cet emprisonnement facultatif a pour objet d'atteindre les coupables que le tribunal ne jugerait pas assez punis par les incapacités qu'entraîne la dégradation civique; il devient obligatoire, aux termes de l'art. 35, si le coupable est un étranger ou un Français ayant perdu la qualité de citoyen.

La dégradation civique ne se manifeste par aucun acte extérieur, et prend sa source dans le jugement même de condamnation. Elle a l'inconvénient de ne présenter souvent aucune analogie avec les délits qu'il s'agit de réprimer. Prenons, par exemple, les art. 126, 127 et 130. Il est naturel, sans doute, de prononcer la destitution et l'exclusion de tous services publics contre les fonctionnaires coupables des infractions prévues par ces articles; mais pourquoi les déclarer incapables de faire partie d'aucun conseil de famille, pourquoi les priver du droit de port d'armes?

La dégradation civique a une durée indéfinie, elle ne peut finir que par la réhabilitation du condamné.

CHAPITRE III.

Des peines correctionnelles.

Les peines correctionnelles sont (art. 9):

1° L'emprisonnement à temps dans un lieu de correction;

2° L'interdiction à temps de certains droits civiques, civils et de famille;

3° L'amende.

Occupons-nous ici de l'emprisonnement, nous reviendrons plus tard sur les deux autres peines. Aux termes de l'art. 40, quiconque aura été condamné à la peine d'emprisonnement, sera renfermé dans une maison de correction, pour y être employé à l'un des travaux établis dans cette maison, selon son choix. Le même article fixe le minimum de cette peine à six jours et le maximum à cinq ans.

Les maisons de correction, spécialement destinées aux condamnés à l'emprisonnement, n'existent pas dans toutes les localités, et les condamnés à moins d'un an subissent la plupart du temps leur peine dans les maisons d'arrêt, confondus avec les prévenus, tandis que les condamnés à plus d'un an sont confondus avec les condamnés à la réclusion. Les produits du travail de chaque détenu pour délit correctionnel sont appliqués partie aux dépenses communes de la maison, partie à lui procurer quelques adoucissements, s'il les mérite, partie à former pour lui, au temps de sa sortie, un fonds de réserve (art. 41). Cet emploi est du reste réglé d'une manière plus précise par l'ordonnance du 6 janvier 1844.

La règle générale de l'art. 23, d'après laquelle la durée des peines temporaires se compte du jour où la condamnation est devenue irrévocable, n'a pas été admise sans que de vives réclamations n'aient protesté contre l'injustice de ne compter pour rien l'emprisonnement préalable qui souvent excède la durée de la peine. Un des principaux arguments des partisans du système de l'art. 23, c'est qu'il n'y a d'ordinaire aucune analogie entre l'emprisonnement préalable et la peine définitive, par exemple, les travaux forcés. Cet argument n'a plus aucune valeur quand il s'agit de l'emprisonnement correctionnel : aussi l'art. 24 fait-il exception à la règle générale. Si le condamné ne s'est pas pourvu, la durée de la peine compte du jour du jugement ou de l'arrêt, nonobstant l'appel ou le pourvoi du ministère public, et quel que soit le résultat de cet appel et de ce pourvoi. Il en est de même dans le cas où la peine a été réduite sur l'appel ou le pourvoi du condamné. Mais quand le condamné s'est pourvu et que son pourvoi a été rejeté, la durée de la peine ne compte plus que du jour du rejet du pourvoi, car c'était là le seul moyen d'éviter une foule de recours inutiles.

CHAPITRE IV.

Des peines de police.

Les peines de police sont déterminées par l'art. 464 ; ce sont : l'emprisonnement, l'amende et la confiscation de certains objets saisis. Ces peines, décrites dans les art. 465 et suivants, sont en général de la même nature que les peines analogues de police correctionnelle. Cependant il y a, quant à l'emprisonnement, cette différence essentielle, que le condamné n'est soumis à aucun travail. Le minimum de l'emprisonnement pour contravention de police est d'un jour et le maximum de cinq jours. Une autre différence, sur laquelle nous reviendrons plus tard, consiste en ce que les complices ne sont point, en matière de police simple, solidaires pour le paiement de l'amende, comme ils le sont en matière criminelle et correctionnelle, car la loi ne prononçant pas la solidarité en matière de contravention de police, le juge ne saurait la prononcer de sa seule autorité [1].

CHAPITRE V.

Des peines accessoires.

Les peines accessoires sont celles qui ne peuvent être infligées qu'avec une autre peine [2].

Au premier rang de ces peines se présente la mort civile, suite des condamnations à mort, aux travaux forcés à perpétuité et à la déportation. Cependant, le gouvernement a la faculté d'accorder au condamné à la déportation l'exercice des droits civils ou de quelques-uns de ces droits; et la mort civile n'est jamais la conséquence de la déportation pour crimes politiques, telle qu'elle est établie par la loi du 16 juin 1850 [3].

L'art. 25 du Code Napoléon nous apprend en quoi elle consiste. Si elle n'est pas comprise dans l'énumération des peines, c'est qu'elle est la suite de certaines condamnations et n'est jamais prononcée directement. On ne peut se dissimuler les nombreux inconvénients de cette peine : ainsi elle est très-inégale, indifférente aux criminels d'ha-

1. Rauter, Droit criminel, 177.
2. Idem, ibid., 153.
3. Art. 3 de cette loi.

bitude, qui souvent même ignoreront les incapacités qui pèsent sur eux, elle frappe cruellement certains coupables; elle n'est pas personnelle, car elle frappe souvent la famille du condamné, par exemple, en brisant son mariage; elle n'est, enfin, nullement exemplaire. Ces défauts furent signalés à la chambre des députés en 1832, lors de la révision du Code pénal, et on proposa d'abolir la mort civile; mais cette proposition fut rejetée, sous prétexte qu'on ne voulait pas, à propos du Code pénal, se jeter dans la révision du Code civil, car il ne s'agissait pas simplement d'effacer la mort civile de nos Codes, il fallait encore la remplacer. Une autre peine accessoire qui offre quelque analogie avec la dégradation civique dont nous nous sommes déjà occupés, est l'interdiction des droits civiques, civils et de famille, suspension partielle de certains droits qui sont énumérés en l'art. 42. Elle diffère cependant de la dégradation civique :

1° En ce que cette dernière est une peine infamante et peut être prononcée comme peine principale, tandis que l'interdiction des droits civiques, civils et de famille, n'est qu'une peine accessoire et correctionnelle.

2° En ce que les incapacités entraînées par l'interdiction, quoiqu'à peu près calquées sur celles qu'entraîne la dégradation, sont cependant moins étendues.

3° En ce que les incapacités forment dans la dégradation civique un ensemble compact et indivisible, tandis que dans l'interdiction, au contraire, elles se divisent et peuvent ainsi s'approprier au caractère particulier de chaque délit.

Les tribunaux ne peuvent prononcer l'interdiction des droits civiques, civils et de famille, que dans les cas où la loi l'ordonne.

Aux termes de l'art. 29, quiconque aura été condamné aux travaux forcés à temps, à la détention ou à la réclusion, sera pendant la durée de sa peine en état d'interdiction légale. Cette interdiction se prolonge et s'éteint avec ces peines. Il convenait en effet d'enlever à ces condamnés l'administration de leurs biens pour les empêcher de faire d'un séjour d'humiliation et de deuil un théâtre de joie et de scandale. Contrairement à la dégradation civique, l'interdiction légale n'enlève pas le droit lui-même ; elle se contente d'en retirer l'exercice pour le transférer à un tuteur et à un subrogé-tuteur, nommés dans les formes prescrites pour les nominations des tuteurs et subrogés-tuteurs aux interdits, et avec les mêmes pouvoirs qu'eux. De plus, la dégradation civique, ainsi que l'interdiction de certains droits civiques, civils et de famille, n'enlève que certains droits spécialement dé-terminés, tandis que l'interdiction légale enlève l'exercice de tous les droits. Enfin, l'interdiction légale cesse de plein droit avec les peines qu'elle accompagne.

Dans le silence du Code pénal sur les effets de l'interdiction légale, il semble naturel de se reporter aux règles tracées pour l'interdiction judiciaire par les art. 502 et 509 du Code Napoléon. Quant au tuteur de celui qui se trouve en état d'interdiction légale, l'art. 29 semble ne parler que de tutelle dative ; mais pourquoi n'y aurait-il pas lieu à la tutelle légale du mari par l'application de l'art. 506 du Code Na-poléon ? Nous croyons qu'on doit également appliquer l'art. 508, en vertu duquel nul ne peut être tenu de garder la tutelle d'un interdit au delà de dix ans. Mais, d'un autre côté, il est certaines règles que la nature des choses, la différence réelle des positions indiquent comme absolument inapplicables d'une matière à l'autre. Tel est, par exem-ple, l'art. 510 du Code Napoléon, relatif à l'emploi qui doit être fait des revenus de l'interdit, revenus qui doivent être avant tout destinés à améliorer son sort et à accélérer sa guérison. Cet article est d'ail-leurs formellement en opposition avec l'art. 31 du Code pénal, qui défend de remettre à l'individu, pendant la durée de sa peine, au-cune portion, si légère qu'elle soit, de ses revenus.

Il en est de même de l'art. 512 du Code Napoléon. Cet article dit que l'interdiction cesse avec les causes qui l'ont déterminée, mais que pour en obtenir main-levée, il faut intenter une action soumise aux mêmes formalités que celles qui sont prescrites pour faire prononcer l'interdiction. Dans l'interdiction légale, rien de pareil : elle cesse de plein droit, sans demande en main-levée, par le seul fait de l'expiration de la peine.

Il nous reste encore à parler du renvoi sous la surveillance de la haute police. Les condamnations aux travaux forcés à temps, à la détention et à la réclusion, entraînent cette surveillance pendant toute la vie et de plein droit, c'est-à-dire sans qu'il soit nécessaire de la prononcer : le bannissement ne l'entraîne que pendant un temps égal à la durée de la peine qui a été subie. Enfin, l'art. 49 renvoie sous la même surveillance ceux qui auront été condamnés pour crimes ou délits qui intéressent la sûreté intérieure ou extérieure de l'État : mais ici la surveillance n'a pas lieu de plein droit, elle doit être prononcée. Hors ces cas, les juges ne peuvent prononcer le renvoi sous la surveillance de la haute police, qu'en vertu d'une disposition formelle de la loi, qui en fixe la durée.

L'art. 44 détermine les effets du renvoi sous la surveillance de la haute police, et l'art. 45 punit d'un emprisonnement qui ne pourra excéder cinq ans les contrevenants aux dispositions de l'art. 44. Mais cette matière est réglée aujourd'hui par un décret du 8 décembre 1851. Aux termes de ce décret, l'effet du renvoi sous la surveillance de la haute police sera à l'avenir de déterminer le lieu où le condamné devra résider après sa peine, et, dans aucun cas, ce lieu ne pourra être Paris ou sa banlieue. Tout individu placé sous la surveillance de la haute police, qui sera reconnu coupable de rupture de ban, pourra être transporté par mesure de sûreté générale dans une colonie pénitentiaire, à Cayenne ou en Algérie. La durée de la transportation est de 5 ans au moins et de 10 ans au plus.

CHAPITRE VI.

Des condamnations pécuniaires.

————

Les condamnations pécuniaires sont : l'amende, la confiscation, les restitutions civiles et les dommages-intérêts, les frais.

1° *De l'amende.* L'amende a l'avantage d'être divisible, d'être réparable, enfin d'être égale, si on la proportionne à la fortune des condamnés. Mais c'est là une chose impossible : il a fallu en fixer le montant, et dès lors elle est devenue excessivement inégale. Cependant, pour remédier un peu à cet inconvénient, on a fixé un minimum et un maximum entre lesquels il est permis aux juges de la faire varier, et c'est entre ces limites qu'ils devront autant que possible la proportionner à la fortune des condamnés.

L'amende est une véritable peine : cela résulte du texte même de la loi [1]. Ce principe est fécond en conséquences : il en résulte d'abord que l'amende ne peut atteindre que les coupables eux-mêmes, car toute peine est essentiellement personnelle ; ainsi la responsabilité civile établie par l'art. 1384 du Code Napoléon ne comprend que les dommages-intérêts et ne s'étend pas aux amendes. Cependant en matière de douane, les propriétaires des objets introduits en contrebande sont tenus solidairement du paiement des amendes encourues par leurs préposés [2].

Le cumul des peines est interdit ; ainsi, si un prévenu est déclaré convaincu à la fois de deux crimes et s'il est condamné à deux amendes, il ne sera tenu d'acquitter que la plus forte. Enfin, tous les individus

1. Code pénal, art. 9, 11, 464.
2. Art. 20, tit. 13 de la loi du 6-22 août 1791.

condamnés pour un même crime ou pour un même délit sont tenus solidairement des amendes (art. 55). Il faut qu'ils aient été condamnés tous pour le même fait, mais il n'est pas nécessaire qu'ils aient été condamnés aux mêmes peines. Cette solidarité a lieu de plein droit en matière criminelle et correctionnelle, mais elle n'a pas lieu en matière de police; car, ainsi que nous l'avons dit plus haut, aucun texte ne l'établit.

2° *Confiscation.* La Charte du 14 août 1830, art. 57, a aboli la confiscation générale. Et, en effet, cette peine était éminemment injuste, parce qu'elle frappait surtout la famille du condamné ; il ne peut donc plus être question aujourd'hui que de la confiscation spéciale du corps du délit ou des choses produites par le délit, ou de celles qui ont servi ou qui ont été destinées à le commettre. La confiscation étant une peine (art. 11), elle ne peut être prononcée que quand la loi le dit formellement, et seulement à la suite d'une déclaration de culpabilité.

La confiscation de l'objet du délit ne peut, en règle générale, être convertie en une confiscation de sa valeur ; cette règle souffre cependant exception quand l'objet ne peut être représenté.

3° *Restitutions et dommages-intérêts.* La condamnation aux peines établies par la loi est toujours prononcée sans préjudice des restitutions et dommages-intérêts qui peuvent être dûs aux parties (art. 10). Il importe de ne pas confondre ces deux objets. Les restitutions ont pour objet les choses mêmes dont le plaignant a été dépouillé ; les dommages-intérêts sont la réparation du préjudice qu'il a souffert. Dans la plupart de ces cas, les objets sujets à restitution ont au procès le caractère de pièces de conviction; leur restitution ne peut alors être accordée qu'à la fin de ce procès.

La fixation des dommages-intérêts est abandonnée aux juges qui devront prendre en considération la position et la fortune des parties, la gravité de la faute commise et du préjudice souffert.

Du reste, ils ne peuvent pas appliquer d'office une condamnation de dommages intérêts au profit d'une personne qui ne la demande pas. Il faut requérir la condamnation, c'est-à-dire, en d'autres termes, se porter partie civile. Quant aux restitutions, elles peuvent être prononcées d'office.

L'art. 51 défend aux tribunaux d'appliquer les dommages-intérêts à une œuvre quelconque, même du consentement de la partie qui les demande. On a craint que par une fausse délicatesse, une partie à laquelle des dommages-intérêts seraient nécessaires, ne les demandât, en laissant aux tribunaux la faculté de les appliquer à telle ou telle œuvre pieuse ou de bienfaisance.

La solidarité a lieu pour les restitutions et les dommages-intérêts comme pour l'amende.

4° *Condamnation aux frais.* La partie qui succombe est condamnée aux frais même envers la partie publique. Les frais sont dûs solidairement par tous ceux qui ont été condamnés pour la même infraction ; mais ils ne doivent comprendre que les dépenses qui sont la conséquence immédiate et nécessaire du fait poursuivi, qui sont indispensables à la vérification de ce fait.

L'exécution de toutes les condamnations pécuniaires, quel qu'en soit le montant, peut être poursuivie par la voie de la contrainte par corps (art. 52). Mais il faut remarquer que cette contrainte par corps est parfaitement distincte de la peine d'emprisonnement qui aura pu être appliquée en même temps que la condamnation pécuniaire.

Cette matière est aujourd'hui réglée par la loi du 17 avril 1832. Aux termes de l'art. 35 de cette loi, les condamnés, qui justifient de leur insolvabilité, sont mis en liberté après avoir subi une contrainte dont la durée varie entre quinze jours et quatre mois, suivant le montant de la condamnation.

· L'art. 54 du Code pénal porte qu'en cas de concurrence de l'amende avec les restitutions et les dommages-intérêts, si les biens du condamné sont insuffisants, ces dernières condamnations obtiendront la préférence. Il est juste, en effet, que les dommages-intérêts, répa-

62

ration d'un préjudice causé à la partie privée, passent avant l'amende que le Trésor réclame à titre purement pénal.

Cependant les réparations dues à la partie civile sont primées par les frais de justice.

Vu pour l'impression :
Le soussigné président de l'acte public, SCHUTZENBERGER.

www.ingramcontent.com/pod-product-compliance
Lightning Source LLC
Chambersburg PA
CBHW070821210326
41520CB00011B/2047